Sibylle Unser

Der Kastrat und seine Männlichkeit

Gesangskastraten im 17. und 18. Jahrhundert

Diplomica® Verlag GmbH

Unser, Sibylle: Der Kastrat und seine Männlichkeit. Gesangskastraten im 17. und 18. Jahrhundert, Hamburg, Diplomica Verlag GmbH 2009

ISBN: 978-3-8366-8032-5
Druck Diplomica® Verlag GmbH, Hamburg, 2009

Bibliografische Information der Deutschen Nationalbibliothek
Die Deutsche Nationalbibliothek verzeichnet diese Publikation in der Deutschen
Nationalbibliografie; detaillierte bibliografische Daten sind im Internet über
http://dnb.d-nb.de abrufbar.

Die digitale Ausgabe (eBook-Ausgabe) dieses Titels trägt die ISBN 978-3-8366-3032-0
und kann über den Handel oder den Verlag bezogen werden.

© Diplomica Verlag GmbH
http://www.diplomica-verlag.de, Hamburg 2009
Printed in Germany

Inhaltsverzeichnis

Abbildungsverzeichnis

1. Einleitung

Die Hoden gelten als Sitz der Männlichkeit. Was ist jedoch mit einem Mann, der infolge eines Unfalls, genetischen Fehlers oder Operation keine Hoden hat? Ist dieser (noch) ein Mann?

Die Männer, die Gesangskastraten, aber auch Kapaune, Verschnittene oder Eunuchen getauft wurden (werden), wurden in den letzten Jahren bereits aus vielen Blickwinkeln beäugt. Man kennt Romane und Filme[1], die sich mit dem Thema mehr aufreißerisch als wahrheitsgemäß auseinandersetzen. Dem einen oder anderen sind vielleicht sogar die teilweise grauenhaften Aufnahmen des sogenannten letzten Kastraten Alessandro Moreschi (1858-1922) geläufig. Es existieren jedoch kaum wissenschaftliche Untersuchungen, die sich mit der Geschlechtlichkeit von Gesangskastraten beschäftigen.[2]

Im Jahre 1985 stellte sich Herbert Grönemeyer in seinem Lied „Männer" die Frage „Wann ist ein Mann ein Mann"? Er beschreibt den Mann als sehr ambivalent und zeigt diverse Typen auf. Es zeigt sich in der einschlägigen Literatur, dass es zwar in Anlehnung an Grönemeyer zahlreiche Vorstellungen und Konstruktionen (siehe 2.2.), aber keine Definition[3] von Mann und keine Antwort auf die Frage wann ist ein Mann ein Mann gibt. Da die Antwort bis heute ausbleibt, kann folglich keine Definition von Männlichkeit im 17. und 18. Jahrhundert existieren, die jedoch als Forschungsgrundlage für diese Studie benötigt wurde. Um trotz allem eine von anderen Autoren bewertungsfreie Konstruktion von Männlichkeit zu erhalten, analysierte die Autorin acht verschiedene im 17. und 18. Jahrhundert populäre Libretti und erkannte, dass in diesen Texten immer wieder die drei gleichen Männertypen beschrieben werden. Hier wird klar, dass es keine eindeutige Festlegung von dem einen Mann[4] geben kann, da es verschiedene Männertypen gibt. Diese Männertypen werden nachfolgend „Die Allegorie-Typen" (siehe 2.3.) genannt.

„Die Allegorie-Typen" erschließen sich aus spezifischen Verhaltensweisen und zugeschriebenen Persönlichkeitsmerkmalen aus der Dichtung. Personen in den Libretti, die charakteristisch für den jeweiligen Männertyp sind, wurden von der Autorin in einer Matrix nach den herausgearbeiteten Eigenschaften bewertet. In dieser Studie werden „Die Allegorie-Typen" exemplarisch an zwei Opern verdeutlicht (siehe 2.3.2.1.; 2.3.2.2.). Das bedeutet, es wird an diesen beiden Opern demonstriert, dass die männlichen Personen in jeweils einen „Allegorie-Typ" einzuordnen sind. Diese Veranschaulichung erfolgt über die bereits erwähnte Matrix (siehe Anhang) und anhand von Textauszügen der Libretti (siehe 2.3.2.) Anzumerken ist, dass es auch Subtypen der „Allegorie-Typen" gibt. Es lassen sich nicht alle männlichen Personen in einen eindeutigen Männertyp einteilen, sie stehen zwischen zwei Kategorien. Dies erklärt sich z.B. durch die Ausprägung verschiedener Eigenschaften. Man beachte, dass es sich lediglich um eine Beschreibung und nicht um eine Bewertung des jeweiligen Männertyps handelt. Die

---

[1] Den populärsten Film präsentierte Gerard Corbiau mit dem Namen „Farinelli, der Kastrat".

[2] Mit Ausnahme von zwei Studien: Barbier 1998 und Münch 2000. Außerdem knüpft Koldau in ihrem Tagungsbericht „Ille cum, tu sine – Der Kampf um die Männlichkeit bei den Kastraten des 18. Jahrhunderts" an diese Studien an.

[3] Definition bedeutet die eindeutige Festlegung eines Begriffes (Brockhaus 1986). Sowohl das Wesen Mann als auch das Wesen Frau konnten bisher von keinem Autor endgültig festgesetzt werden. Auch die Gender Studies bzw. die kritische Männerforschung, die sich seit den 80er Jahren ausführlich mit den Unterschieden zwischen Frau und Mann beschäftigen, vermissen diese eindeutige Definition (Benthien & Stephan 2003). Die einzige existierende Definition ist eine biologische (siehe 2.1.).

[4] Vgl. Benthien & Stephan 2003.

Namen der „Allegorie-Typen" stellen Überbegriffe dar und wurden von der Autorin zur Differenzierung gewählt. Sie enthalten keine Gewichtung.

Obwohl sich viele Forscher einig sind, dass es keine eindeutige Festlegung von Mann gibt (siehe oben), entwickelte die Soziologin Raewyn Connell (ehemals Robert Connell, *1944) eine Definition von Mann und Männlichkeit auf Basis verschiedener Männlichkeiten (siehe 2.4.). Connell teilte im Jahr 1985 Männer nach einer Studie in Australien in mehrere Kategorien auf und schloss daraus auf verschiedene Männlichkeiten. Dabei geht es um die *„Differenzierung von Männlichkeit in verschiedenen sozialen Kontexten"* (Connell 2006, 10) und die Entwicklung zu einer anderen Männlichkeit aufgrund eigener Anstrengung und sozialen Hintergrund. Aus Gründen der Wissenschaftlichkeit erfolgt ein Vergleich der Opernstudie „Die Allegorie-Typen" mit einer anderen soziologischen Definition von Männlichkeit. Hierfür wurde die Studie von Connell gewählt, da sie zum einen eine wichtige Vertreterin der Männerforschung ist und zum anderen deckungsgleich zur Autorin feststellt, dass es keine Definition von dem einen Mann geben kann, da es mehrere Männertypen gibt. Dieser Vergleich zwischen den „Allegorie-Typen" und der Männlichkeitsstudie Connells erfolgt in 2.5.

Der zweite Teil (3. Kapitel) dieser Studie beschäftigt sich mit den Gesangskastraten des 17. und 18. Jahrhunderts. Im Allgemeinen ist der Ursprung der Kastration bis in die Zeit der Mythen und Heroensagen zurückzuführen. Ebenso ist die Kastration als Ritus vieler Völker bekannt.[5] Die Kastration mit dem Hauptziel die Stimme zu erhalten, entwickelte sich Ende des 16. Jahrhunderts und hatte ihren Höhepunkt im 17. und 18. Jahrhundert. Franz Haböck schreibt, dass *„Italien, das Land der schönen Stimmen, vom 18. Jahrhundert der Hauptproduzent dieser so geschätzten Sängerware wurde"* (Haböck 1927, 238), wobei es Kastraten vereinzelt auch in anderen Teilen Europas gab.[6] Aus diesem Grund werden hauptsächlich die gesellschaftlichen Verhältnisse in Italien berücksichtigt.

Um eine hohe Knabenstimme beizubehalten, mussten die Buben vor Eintritt der Geschlechtsreife und dem damit einhergehenden Stimmbruch operiert werden (siehe 3.3.1.2.). In dieser Studie interessiert nur die Kastration zur Erhaltung der hohen Stimme und somit vor Eintreten der Pubertät.

Die Kastration war offiziell verboten. Sie durfte allerdings nach Sexualdelikten und aus medizinischen Gründen durchgeführt werden. Außerdem war die Kastration zur Erhaltung der hohen Stimme in Familien ab vier Söhnen erlaubt (Haböck 1927).

Die Punkte 3.2. bis 3.5. beleuchten die historische Seite der Kastration. Eine Doppelmoral der Kirche, welche die Kastration zwar offiziell verbot, aber die Sänger benötigte und die Anmaßung einer Gesellschaft sich musikalisch von Kastraten berieseln zu lassen, aber deren Eingliederung untersagte. Außerdem geht es um kleine Buben, die in einem Alter verstümmelt wurden, welches eine eigene Entscheidung über die Zukunft nicht zuließ. Die Darstellung der Lebensläufe dreier Kastraten in 3.5. erfolgt im Hinblick auf die Diskussion in 4.

Der prägnanteste Zusammenhang mit der Diskussion ist im Punkt 3.6., Folgen der Kastration, enthalten. Hier beschäftigt sich die Autorin vor allem mit den stimmlichen, körperlichen und sozialen Folgen und stellt am Ende jedes Teilpunktes einen Zusammenhang zur Geschlechtlichkeit her. Des Weiteren beäugt sie die Folgen für die männliche Identität. Männliche Identität bedeutet die Übereinstimmung der Kastraten mit ihrem biologischen Geschlecht (männlich). Es werden Begebenheiten betrachtet, die von Zeitzeugen bzw. von Kastraten selbst be-

---

[5] Vgl. Hafner 2002.
[6] Vgl. Gruber 1982.

schrieben wurden, woraus sich auf eine Krise schließen lassen könnte. Zur Vereinfachung werden in der vorliegenden Studie für die Kastraten die Bezeichnungen männlich und Mann benutzt, auch wenn der Grad ihrer Männlichkeit erst noch geklärt wird. In der Diskussion entscheidet sich dann, ob diese Bezeichnungen für Kastraten angebracht sind.

Das größte Problem bei der Forschung über Kastraten sind die fehlenden Primärquellen. Leider existieren wenige Briefe, die nur auszugsweise veröffentlicht wurden und ansonsten schwer zugänglich sind. Farinelli, einer der berühmtesten Kastraten, beantwortete einmal die Frage, ob er nicht seine Memoiren verfassen möchte: *„Wozu soll das gut sein? Mir reicht es, wenn man weiß, daß ich niemanden Schaden zugefügt habe"* (Sacchi 1784 zit. nach Barbier 1998, 146). Offenherziger gab sich lediglich Filippo Balatri (1676-1756), der beginnend mit einem Reisetagebuch seine 5000 Seiten starken Memoiren verfasste. Er zählt nicht zu den prominentesten Kastraten, aber seine Lebensgeschichte würde wahrscheinlich heute die Bestsellerliste anführen. Der Titel seiner Werke ist „Frutti del Mondo" („Früchte der Welt"), das eine Autobiographie in Versform darstellt und vollständig erhalten ist und „Vita e Viaggi di F.B." („Leben und Reisen von F.B."). Davon sind neun Bände erhalten und es fehlen vermutlich ein bis zwei Bände. Die Autorin Christine Wunnike (*1966), „Die Nachtigall des Zaren", hat an den Aufenthaltsorten Balatris in Archiven recherchiert. Sie korrigierte daraufhin zuverlässig Mutmaßungen und Deutungen mit dem Wissen späterer Jahrhunderte.[7]

Die Basis für die Beschäftigung mit Kastraten stellt das Werk „Die Kastraten und ihre Gesangskunst" von Franz Haböck (1868-1921) dar.[8] Haböck führte 20jährige Studien durch mit dem Ziel eine umfassende Monographie des Kastratentums zu erstellen. Er lernte den letzten Kastraten der Sixtinischen Kapelle Alessandro Moreschi persönlich kennen. Leider verstarb der Autor über seiner Aufgabe. Seine Witwe versuchte das Werk zu vollenden, was ihr nur lückenhaft gelang.[9]

Die exemplarisch genannten Autoren sammelten Zeitzeugenberichte und diskutierten sie nach bestimmten Gesichtspunkten. Da dies nicht urteilsfrei geschehen kann und sich die Autorin in der vorliegenden Studie aus Ermangelung an Primärquellen (siehe oben) auf diese Werke stützen musste, ist eine Übernahme einer Bewertung aus der Literatur trotz Bemühung um Objektivität nicht ausgeschlossen. Außerdem war es der Autorin nicht möglich die jeweiligen Werke durchweg in ihrer Originalsprache zu lesen und musste sich deswegen auf Übersetzungen stützen. Obwohl sie die genannten Autoren als zuverlässige Kastratenforscher einschätzt, ergaben sich ein paar Widersprüche untereinander. Diese einzeln aufzudecken würde jedoch den Rahmen der vorliegenden Studie sprengen. Von der Autorin wurden Aussagen erst in diese Studie übernommen, wenn sie sich bei mehreren Autoren deckten.

Zeitzeugen, die in der gängigen Literatur immer wieder genannt werden, sind z.B. der Schriftsteller Wilhelm Ludwig Wekhrlin (1739-1792), einer der kämpferischsten und engagiertesten Publizisten der Aufklärung, der Komponist und Musikreisende Charles Burney (1726-1814), der vier Bände einer umfassenden Musikgeschichte veröffentlichte und Giacomo Casanova (1725-1798), ein Abenteurer, der nach Reisen durch Europa seine mehr unterhaltsamen als glaubwürdigen Memoiren verfasste.

---

[7] Vgl. Ortkemper 2002.
[8] Franz Haböck war Professor für Gesang, Methodik des Gesangsunterrichts und Ästhetik an der ehemaligen Akademie für Musik und darstellende Kunst in Wien.
[9] Vgl. Gruber 1982; Haböck 1927.

Leider gab es auch Fragen, die wegen fehlender Literatur ganz und gar offen blieben. Eine dieser ungeklärten Fragen ist z.B. welche hormonellen Veränderungen die Kastration auf die Psyche eines Kastraten hatte.

Jedoch wollte die Autorin hauptsächlich eine andere Frage klären, worauf der Leser am Schluss eine Antwort erhält. Und zwar die Frage „Waren Kastraten Männer"?

Ist die Stimme ein wertvolleres Gut als die Männlichkeit?

2. Was ist Männlichkeit?

Obwohl sich Geschichte, Philosophie, Literatur und Kunst seit der Antike bis jetzt bemühen eine Definition sowohl für die Frau als auch für den Mann zu finden, existiert keine Definition (siehe Einleitung). Bisher hat es weder ein Autor, Wissenschaftler noch Historiker auf den Punkt bringen können, was ein Mann überhaupt ist (Benthien & Stephan 2003). Lediglich die Biologie liefert uns eine eindeutige Festlegung des Wesens Mann anhand anatomischer Merkmale (siehe 2.1.).

Die kritische Männerforschung, die Forschung über Männer und Männlichkeit, entwickelte sich aus der Frauenforschung in den 80er Jahren. Eine wichtige Vertreterin der Männerforschung ist Raewyn Connell. Auch Connell erwähnt die Schwierigkeit Männlichkeit zu definieren (siehe Einleitung) und spricht die unterschiedlichen Annäherungsversuche an, die seit der Moderne existieren.[10] Connell entdeckte auf der Suche nach einer eigenen Definition für Mann, dass es keine einheitliche Definition für Mann geben kann, da es mehrere verschiedene Männertypen gibt, die nebeneinander existieren (siehe Einleitung; 2.4.). Allerdings kann sie erst ab der Moderne einen Beweis für ihre Männertypen erbringen, so dass dieser nicht als einzige Grundlage für die Analyse der Männlichkeit von Gesangskastraten im 17. und 18. Jahrhundert dienen kann (siehe Einleitung). Ihre Studie liefert aber wichtige Anknüpfungspunkte für die Entwicklung einer Definition der Autorin als Resultat einer Opernstudie (siehe 2.3.), denn auch Connell sieht die Unmöglichkeit den einen Mann eindeutig zu definieren, da er durch verschiedene Männertypen festgelegt ist (Connell 2006).

2.1. Biologische und medizinische Bedeutung

Ein *Mann* (germanisch, zurückgehend auf indogermanisch manu/monu Mann, Mensch) ist ein erwachsener Mensch männlichen Geschlechts. Das geschlechtliche Gegenstück ist die Frau (Brockhaus 1986).

Männlichkeit umfasst kulturell dem Mann zugeschriebene Eigenschaften. Z.B. tritt er als Versorger der Familie auf, trägt besondere Kleidung, die von der Frauenkleidung abweicht und ist von stärkerer Natur als eine Frau. Der Männlichkeit steht die Weiblichkeit gegenüber (Brockhaus 1986).

Aus molekularbiologischer Sicht unterscheidet sich der Mann von der Frau durch die Paarung XY in den Geschlechtschromosomen (die Frau hat die Paarung XX in den Geschlechtschromosomen). Die Folge ist die Entwicklung diverser anatomischer Merkmale beim Mann:

1. Das Vorhandensein primärer Geschlechtsmerkmale. Zu den primären Geschlechtsmerkmalen gehören alle angeborenen Organe, die zur Fortpflanzung nötig sind. Dies sind die männlichen Keimdrüsen, die Hoden, in denen männliche Spermien produziert werden, sowie Penis, Samenleiter und Hodensack (Brockhaus 1986).

2. Die Entwicklung von sekundären Geschlechtsmerkmalen in der Pubertät, wie Bartwuchs, tiefere Stimme als bei der Frau, breitere Schultern, einem schmaleren Becken, einem geringeren Körperfett- und höheren Muskelanteil am Gesamtgewicht, einem hö-

---

[10] Vgl. Connell 2006.

heren Längenwuchs, sowie stärkerer Körperbehaarung, allesamt Folge eines höheren Spiegels des männlichen Geschlechtshormons Testosteron. Männer haben zehnmal mehr Testosteron im Körper als Frauen (Brockhaus 1986).

3. Das männliche Gehirn ist größer und schwerer als das Gehirn von Frauen. Männer verarbeiten dort Sprache und räumliche Aufgaben eher separat in der rechten und linken Gehirnhälfte (Brockhaus 1986).

2.2. Vom Kind zum Mann
Die gesellschaftliche Betrachtung von Männlichkeit im 17. und 18. Jahrhundert[11]

Um zu verstehen, welche Erwartungen an ein männliches Kind im 17. bzw. 18. Jahrhundert gestellt wurden, muss man ein wenig in der Geschichte zurückgehen.

Es existierten bis zur Erfindung der Druckerpresse mit beweglichen Lettern im 15. Jahrhundert keine Kinder. Selbst wenn sie nach der biologischen Definition (siehe 2.1.) mit dem männlichen Geschlecht geboren wurden, so galten sie als kleine Erwachsene ohne Geschlecht, denen man keine besondere Aufmerksamkeit schenkte. Im Mittelalter wurde von Kindheit bis zu einem Alter von sieben Jahren gesprochen, woran sich das Erwachsenenalter nahtlos anschloss. Allerdings gab es keine Vorstellung von kindlicher Bildung, Entwicklung bzw. Lernen als Vorbereitung auf die Erwachsenenwelt. Mit sieben Jahren waren die Kinder dann in jeder Hinsicht Mann oder Frau. Sie verfügten lediglich noch nicht über deren ausgereifte Fähigkeiten (z.B. Fortpflanzung, kriegerische Fertigkeiten). Die Entdeckung des Buchdruck führte ab Mitte des 15. Jahrhunderts zu einem Wandel im Denken, der bis ins 19. Jahrhundert andauerte und danach einen Umkehrschub nahm.[12] Es folgte nicht nur die Verbreitung von Literatur über Kinder, sondern es entwickelte sich auch die Fähigkeit des Lesens. Ein Können, das Erwachsenen offen stand und somit Kinder, die nicht lesen konnten und dies erst lernen mussten, von Erwachsenen unterschied. Nach dem 16. und 17. Jahrhundert verbreitete sich die Ansicht, dass es eine Kindheit gibt. Kinder wurden schließlich im 17. und 18. Jahrhundert als andersartige Wesen mit andersartigen Bedürfnissen wahrgenommen und von der Erwachsenenwelt, in die sie erst hinein wachsen mussten, getrennt. Durch die Entwicklung einer Kindheit und Kindern als Individuen, kam es auch zu einer Differenzierung zwischen Mädchen und Jungen, die zu Frauen bzw. Männern heranwuchsen (Postman 2003).

Im Erwachsenenalter muss man bei der Betrachtung der Männlichkeit stark zwischen dem Adel und Bürgertum differenzieren, da der Stand dem Geschlecht gegenüber höherrangig anzusehen war (Brockhaus 1986).

Generell wurde sowohl im Adel als auch im niederen Stand die Geschlechterrolle[13], die ein Mann bzw. eine Frau in der Gesellschaft einnahm und nicht das biologische Geschlecht (siehe 2.1.) zur Unterscheidung zwischen Frau und Mann herangezogen. Man ging nämlich bis ins 18. Jahrhundert davon aus, dass die weiblichen Geschlechtsorgane nach innen gestülpte männliche Geschlechtsorgane sind, so dass eine biologisch definierte Unterscheidung (siehe 2.1.) zur Differenzierung zwischen Mann und Frau nicht ausreichte (Laqueur 1992).

---

[11] Im Europäischen Kulturraum.
[12] Postman spricht davon, dass danach die Kindheit wieder verschwindet. Vgl. Postman 2003.
[13] Der Begriff Geschlechterrolle bedeutet hier gemäß der Definition die Summe von Erwartungen anderer an die Ausübung des Geschlechtes einer Frau oder eines Mannes und ihr erlerntes Verhalten, das sie in Beziehung zu ihrem Geschlecht in bestimmten Situationen ausüben können bzw. müssen (Brockhaus 1986).

Der bürgerliche Mann hatte im 17. bzw. 18. Jahrhundert eine Vormachtstellung über die bürgerliche Frau.[14] (Brockhaus 1986).

Generell hat sich die gesellschaftliche Hierarchieverteilung zwischen Mann und Frau jedoch immer wieder verändert und hing stark vom Stand (siehe oben) des Mannes in der Gesellschaft ab. *„Blieb das Gesetz von der Unterlegenheit der Frau auch immer gleich, so änderten sich doch die Ausführungsbestimmungen von Generation zu Generation"* (Leopold 2000, 233). Eine adelige Frau stand nämlich bis zur Deklaration der Menschenrechte in der französischen Revolution im Jahre 1789 über einem bürgerlichen Mann. Im Adel wurde die Frau schließlich ab dem 14. Jahrhundert als dem Mann gegenüber gleichberechtigte Partnerin angesehen, die ihre Unfähigkeit im Waffengeschäft mit geistigen Fähigkeiten (z.B. Musizieren, Philosophieren, Lesen) ausglich. Sie gab in den Palästen den Ton und die Form an, während der adelige Mann auf dem Felde bestimmte. Adelige Männlichkeit bedeutete seit dem 16. Jahrhundert nicht allein Kriegsheldentum, sondern auch die Fähigkeit, zwischen dem Waffenhandwerk und dem zivilen Leben einen deutlichen Unterschied zu machen. Die Frauen bestimmten die Regeln des gesellschaftlichen Miteinanders und nur der Mann galt als wahrer Hofmann, der sich diesen weiblichen Regeln unterwarf. Diesem adeligen Verhaltenskodex zufolge hatten nicht die Frauen, sondern die Männer eine Doppelrolle zu erfüllen: Der starke Kriegsheld zu Felde und der Untergebene im privaten Umfeld, der die weiblich-höfische Kommunikation beherrschen musste. Möglicherweise kam es zwischen diesen beiden Rollen, die ein Mann ausführen musste, zu Interrollenkonflikten.[15] Die Rolle des Mannes im Krieg war somit eine komplett andere als bei Hofe. Die Forderung nach Weiblichkeit bei den Männern bei Hofe übertrug sich schließlich sogar auf die Oper, wenn der Held in der Sopranlage sang - der sogenannte Heldensopran (siehe 3.6.2.3.) (Leopold 2000).

Ab Mitte des 18. Jahrhunderts veränderte sich, auch beeinflusst durch einen Wandel in den höfischen Verhaltensnormen, die Vorstellung von Männlichkeit. Die bisher geforderte weibliche Komponente im Verhalten des Mannes wurde von der gesellschaftlichen Forderung abgelöst, dass der Mann auch im Privatleben als das starke Geschlecht aufzutreten habe. Dies begründete sich durch die Belebung einer biologischen Unterscheidung (siehe 2.1.) zwischen Frau und Mann und den anatomischen (siehe 2.1., 2.) kräftigeren Körperbau eines Mannes. Das höfische Verhalten wurde ab dieser Zeit als künstlich und verlogen bezeichnet. Die bürgerliche Kultur definierte den Menschen nicht mehr aus seinem Stand heraus, sondern nach seinem Beruf. Der sich immer stärker durchsetzende bürgerliche Verhaltenskodex sah die höfische Doppelrolle des Mannes nicht mehr vor (Leopold 2000).

2.3. Die Allegorie-Typen
Eine Arbeitsdefinition von Mann und Männlichkeit

Da es, wie in der Einleitung bereits festgestellt, weder im 17./18. Jahrhundert noch heute eine Definition von Mann gibt und es auch diese nicht geben kann, weil der eine, eindeutig festzulegende Mann nicht existiert, folgt eine Arbeitsdefinition der Autorin von Mann und Männlichkeit als Grundlage zur Betrachtung der Männlichkeit von Gesangskastraten. Diese stützt sich auf die Analyse von acht Opernlibretti aus dem 17. und 18. Jahrhundert (siehe

---

[14] Der Ursprung dieser Vormachtstellung ist in der Geschichte nicht eindeutig geklärt. Die patriarchalische Ordnung erschien bis in die Neuzeit hinein weitgehend als natürliches Modell menschlichen Ordnungsgefüges (Brockhaus 1986).
[15] Jeder Mensch nimmt verschiedene Rollen ein und muss versuchen diese ordnungsgemäß auszuüben. Interrollenkonflikte sind Konflikte, die zwischen den verschiedenen Rollen, die ein Mensch inne hat, entstehen, da man manche Rollen nicht gleichzeitig ausführen kann (Joas 2007).

Einleitung). Die Opern des Barocks spiegelten das allgemeine Lebensgefühl dieser Zeit wieder. Die Menschen identifizierten sich mit den Texten und den Figuren der Opern. Heute hört man Musik aus dem Radio, damals hörte man Opernmusik. So wie im 21. Jahrhundert die Texte der Popmusik aus dem Leben gegriffen sind, so waren es im 17./18. Jahrhundert die Geschichten der Opern. Auch wenn die Operngeschichten und Inszenierungen nicht der Realität entsprachen (siehe 3.4.3.1.), so stellte der Inhalt Metaphern dar und die Figuren der Opern fanden ihre Entsprechung im Volk (Ortkemper 1995).

Die Analyse des ersten Textes, das war das Libretto der Zauberflöte (siehe 2.3.2.2.), hat gezeigt, dass in dieser Oper drei unterschiedliche männliche Charaktere, drei Männertypen auftreten. Diese drei Männertypen formen sich aus ihrem Rollenverhalten und den ihnen in der Dichtung zugeschriebenen Eigenschaften. Zwar unterscheiden sich die drei männlichen Einzelcharaktere stark untereinander (siehe 2.2.), lassen sich aber auch in anderen großen Opern[16] dieser Zeit wieder finden, was die Analyse weiterer Operntexte erbrachte.[17] In kleineren Opern, in denen weniger Rollen auftreten, lassen sich ein bis zwei dieser Männertypen (zumeist „Der Held", siehe 2.3.1.2.) finden. Wenn immer wieder drei Männertypen in Texten beschrieben werden, die ihre Entsprechung bei den Menschen (siehe oben) haben, dann bedeutet dies, dass es diese Männertypen in der Realität gibt. Die Folge ist eine Definition von dem einen Mann, der aus drei Männern besteht. Aus diesen Gründen eignen sich die Libretti der Opern, um eine Definition von Mann und Männlichkeit aus dem 17. und 18. Jahrhundert zu rekonstruieren.

So hat die Autorin im Laufe ihrer Studie erkannt, dass man den einen Mann nicht definieren kann, weil es drei Männertypen gibt. Kinder und Heranwachsende werden in der Analyse nicht berücksichtigt, da sich diese noch in einem unmündigen Entwicklungsstadium befinden und sich deswegen nicht bewusst für einen Männertyp entscheiden können. Die bewusste Entscheidung für oder wider einen Männertyp stellt ein wichtiges Kriterium der Arbeitsdefinition dar.

Die Bezeichnung „Allegorie–Typen" als Überbegriff für die drei Männertypen erfolgt im Hinblick auf den späteren Vergleich mit den vier Männertypen von Connell (siehe 2.5.). Sie soll der besseren Unterscheidung beider Studien dienen.

Der Begriff Allegorie[18] wurde verwendet, um zu verdeutlichen, dass die in der Operndichtung benutzten, oft versteckten Eigenschaften der männlichen Hauptpersonen zur Charakterisierung der drei Männertypen erst durch die Autorin aufgedeckt werden mussten.

---

[16] Große Oper bedeutet, dass es mehr als drei Haupt- und Nebenrollen gibt.
[17] Im Übrigen werden diese drei Männertypen auch in den späteren Opern und in zeitgenössischen Filmen, z.B. Western, benutzt.
[18] Allegorie (griechisch für das Anderssagen) bedeutet sinnbildliche Darstellung eines abstrakten Begriffes . Der Sinn der Allegorie muss durch Deutung der oft versteckten Hinweise erschlossen werden (Brockhaus 1986).

2.3.1. Die drei Männertypen[19]

2.3.1.1. Der Feige

„Der Feige" tritt als Mitläufer, Feigling, Verräter oder kindischer Tollpatsch auf. Er sieht sich als Opfer des Schicksals und denkt, dass er seine Lebensbedingungen nicht ändern oder beeinflussen kann. Auch weicht er nach Möglichkeit Konflikten aus und übernimmt ungern Verantwortung. Ihm fallen leicht Ausreden ein, um einer unangenehmen Situation zu entgehen. Des Weiteren ist er nicht durchsetzungsfähig. „Der Feige" hat einfältige Bedürfnisse und lässt sich gern bemuttern. Er steht seinen Mitmenschen und dem Alltag naiv gegenüber, so dass er durchaus als liebenswert beschrieben wird. Meistens ist es jedoch möglich, den „Feigen" zu manipulieren (z.B. von dem „Potentaten", siehe 2.3.1.2.), so dass er sich ohne es zu wissen, für Unrecht einsetzt. Manchmal übt er aus Angst vor Angriffen mächtiger Personen Unrecht an geliebten Menschen aus, ohne sich gegen den wahren Verursacher zur Wehr zu setzen. Dieser Männertyp ist nicht aus Bosheit unloyal, sondern weil er keinen Ärger haben möchte und am liebsten in Ruhe gelassen wird. Meistens hat er trotz seines Verhaltens Glück und muss keine negativen Konsequenzen erwarten, da ihn jemand (oft „Der Held", siehe 2.3.1.2.) vor Unglück bewahrt. Im Großen und Ganzen möchte „Der Feige" einfach in Harmonie sein Leben führen ohne an Vergangenes oder an die Zukunft zu denken.

2.3.1.2. Der Held bzw. Der Potentat

„Der Held" bzw. „Der Potentat" tritt als Anführer, Draufgänger, Stratege oder klassischer Held auf. Er sieht sich als Gestalter seines Schicksals und weiß, dass er seine Lebensbedingungen ändern und beeinflussen kann. Auch stellt er sich Konflikten und kann seine Bedürfnisse beherrschen. Er entscheidet, ob er für eine Sache bzw. Person Verantwortung übernehmen möchte oder nicht und setzt seine Interessen durch. Dieser Männertyp hat die Entscheidungsgewalt darüber, ob er sich positiv oder negativ verhält. „Der Held" setzt sich für positivere Bedingungen seiner Mitmenschen ein, wohingegen „Der Potentat" seine Mitmenschen in Lebensbereichen, die ihm einen Vorteil versprechen, ausbeutet. Somit stellt er das negative Gegenstück zum „Helden" dar. „Der Held" scheut sich nicht den Rat des „Weisen" (siehe 2.3.1.3.) anzuhören und zu befolgen. „Der Potentat" fühlt sich jedoch durch Ratschläge des „Weisen" in seiner Macht eingeschränkt. Wenn „Der Held" zu der Meinung gelangt, dass an jemanden Unrecht verübt wird, so versucht er dieses Unrecht tatkräftig, auch wenn nötig mit Gewalt, zu beseitigen und lässt sich nicht von anderen beeinflussen. Hierbei fühlt er sich der in der Gesellschaft geltenden Tugend verpflichtet, die z.B. besagt, keine Frauen zu schlagen. Folglich stellt er den Schläger einer Frau „zur Rede". Seine aktive, forsche und mutige Art ermöglicht die Veränderungen negativer Lebensumstände, wobei er letztendlich nicht immer als der Gewinner da steht. Oftmals rettet „Der Held" dankbare Opfer. In seinem Leben ändert sich dadurch jedoch meistens nichts. Dies nimmt er idealistisch hin und jammert nie darüber. Er möchte sein Leben im Sinne einer guten Gemeinschaft leben, wobei er es als seine Aufgabe sieht, das Gute herbeizuführen.

---

[19] Bei der Erklärung der drei Männertypen wird das Präsens verwendet, da „Die Allegorie-Typen" auf Libretti basieren, die bis heute zur Aufführung gelangen und somit bezogen auf die Rollen bis jetzt gültig sind. Dabei ist es unerheblich, dass sie eine Definition von Männlichkeit aus einer vergangenen Zeit (17./18. Jahrhundert) wieder geben.

2.3.1.3. Der Weise

„Der Weise" tritt als Ratgeber, Souverän, moralische Instanz oder Weiser auf. Er gestaltet sein Schicksal im Einklang mit einem übergeordneten Prinzip (z.B. Gott) und weiß, dass er in Abhängigkeit von diesem Prinzip seine Lebensbedingungen ändern und beeinflussen kann. Des Weiteren stellt er dieses übergeordnete Prinzip nicht in Frage, sondern ergibt sich diesem. Dieser Männertyp hat die Entscheidung getroffen, dass er sich unbeirrbar im Sinne des übergeordneten Prinzips verhält, selbst wenn das mit dem Tod bestraft werden sollte. „Der Weise" hat seine Bedürfnisse reduziert und kann diese kontrollieren. Er sieht sich in Beziehung zu seinen Mitmenschen und nicht als reines Individuum. Das heißt, dass er sich als einer von vielen und Teil des Ganzen und nicht als Aufgabenträger bestimmter Veränderungen wahrnimmt (vgl. als Gegensatz „Der Held", siehe 2.3.1.2.). Auch steht er über den Konflikten und versucht wohlwollende Lösungen anzubieten. Er steuert subtil und stets unparteiisch durch seinen Rat und überlässt die Verantwortung der freien Entscheidung der Betroffenen und den Gesetzen des höheren Prinzips. „Der Weise" lebt furchtlos und bescheiden sein Leben und steht dem Tod standhaft gegenüber.

2.3.2. Vergleich männlicher Hauptpersonen zweier Opern aus dem 17. und 18. Jahrhundert mit den Allegorie-Typen

Nachfolgend werden die drei von der Autorin definierten Männertypen exemplarisch an zwei Opern aufgeführt. Es wird anhand des Verhaltens und der Persönlichkeitsmerkmale gezeigt, dass die männliche Rolle jeweils einem Männertyp zuzuordnen ist. Hierfür werden die Eigenschaften und Verhaltensweisen der männlichen Hauptpersonen in einer Matrix (siehe Anhang) mit den drei Männertypen verglichen und gewichtet.

Die beiden folgenden Opern sind charakteristisch für die damalige Zeit und bis heute beliebt. Außerdem stammen sie aus unterschiedlichen Jahrhunderten und symbolisieren somit den gesamten für diese Studie relevanten Zeitrahmen.

2.3.2.1. Die Krönung der Poppäa

Die Oper „Die Krönung der Poppäa" von Claudio Monteverdi (1567-1643) ist eine der ersten Opern der Geschichte. Das Libretto verfasste Giovanni Francesco Busenello (1598-1659). Die Uraufführung fand im Jahre 1642 in Venedig statt.

A) Inhalt

Die Oper spielt um das Jahr 62 n. Chr. in Rom und handelt von Kaiser *Nero*, der sich in die schöne Poppäa verliebt hat und sich deswegen von seiner Gemahlin Octavia trennen möchte. Diese Liebe soll vorerst geheim bleiben. Poppäas Exmann *Otho*, der auch in Poppäa verliebt ist, belauscht ein Gespräch zweier Soldaten, welches die Liebe des Kaisers *Nero* zu Poppäa und die momentane Vernachlässigung der Staatsgeschäfte durch den Kaiser beinhaltet. Derweil tröstet der Philosoph *Seneca* die unglückliche Octavia, die hinter die Liebschaft ihres Mannes gekommen ist. Nach ihrem Abgang kommt *Nero* zu *Seneca* und erzählt ihm, dass er seine Ehefrau Octavia verstoßen und Poppäa heiraten werde. *Senecas* Einwände können ihn nicht umstimmen. Anschließend warnt Poppäa ihren Liebhaber *Nero* vor *Senecas* Hinterhältigkeit. *Seneca* fühle sich laut Poppäa wie der eigentliche Machthaber. Das kränkt die Eitelkeit *Neros* so sehr, dass er einen Sklaven zu *Seneca* schickt, der ihm befehlen soll, sich selbst zu töten. Währenddessen zwingt Octavia *Otho* seine Exfrau Poppäa zu töten. Er verkleidet sich mit den Gewändern seiner früheren Braut Drusilla und versucht die schlafende Poppäa mit einem Schwert zu ermorden. Der Mord wird durch Amor verhindert. Drusilla wird als Täterin festgenommen und gesteht die Tat um ihren geliebten *Otho* zu schützen. Aus Gewissensbissen heraus bekennt sich *Otho* jedoch zu seiner Schuld. *Nero* schickt *Otho* daraufhin in die Verbannung. Aus Liebe folgt ihm Drusilla. Aufgrund der hinterlistigen Mordpläne der Octavia, die letztendlich ans Tageslicht kamen, kann sie *Nero* schließlich auf legitime Art und Weise öffentlich verstoßen und Poppäa vor dem Volk und Senat krönen (Harenberg Opernführer 2000).[20]

B) Einteilung der männlichen Hauptpersonen in die Allegorie-Typen

Otho, der Exmann der Poppäa, gehört zu dem ersten Männertyp „Der Feige". Er beweint sein Schicksal und klagt darüber, dass ihn Poppäa nicht mehr liebt. *„Andere dürfen den Wein trinken, mir bleibt nur der leere Krug. Für Nero stehen alle Türen offen, doch Otho muss draußen bleiben. (...) Ich verhungere im Elend"* (Busenello 1642, 1. Akt, 11. Szene). Er befürchtet, dass Nero hinter seine Liebe zu Poppäa kommen könnte und zwingt sich wegen dieser Angst zur Besinnung. *„Otho, komm zur Besinnung! Aus Furcht, Nero könnte Kenntnis erhalten von meiner früheren Liebe zu ihr"* (Busenello 1642, 1. Akt, 12. Szene). Trotz seiner Liebe erklärt er sich vor Octavia bereit, Poppäa zu töten, aus Angst selber sterben zu müssen, obwohl *„sein Herz in die eine und seine Füße in die andere Richtung streben"* (Busenello 1642, 2. Akt, 8. Szene). Erst, nachdem Nero Drusilla verkündet hatte, dass sie *„durch ein qualvolles Ende tausend Tode sterben soll"* (Busenello 1642, 3. Akt, 3. Szene), offenbart sich *Otho* als der eigentliche Attentäter, nicht ohne die Urheberin des Anschlages sofort zu verkünden. *„In Drusillas Gewändern gekleidet, habe ich auf Befehl der Kaiserin Octavia einen Anschlag auf Poppäas Leben verübt"* (Busenello 1642, 3. Akt, 4. Szene). Aufgrund des Mitleides Neros wird er verbannt und muss nicht sterben. *„Lebe, verbannt in die fernste Wüste"* (Busenello 1642, 3. Akt, 4. Szene).

Der Kaiser *Nero* lässt sich dem zweiten Männertyp „Der Held" bzw. „Der Potentat" zuordnen. Aufgrund seines negativen Verhaltens, das er einsetzt, um seine Lebensumstände zu verbessern, wird er als „Potentat" bezeichnet. Er scheut nicht davor zurück wegen einer neuen Liebe, seine Ehefrau zu verbannen. *„Deine noble Herkunft gestattet nicht, dass Rom von unserer Liebe erfährt, bis Octavia (...) verbannt ist"* (Busenello 1642, 1. Akt, 3. Szene). Auch sagt er deutlich, dass er sich von Niemanden beeinflussen lässt. *„Ich werde tun, was ich will"* (Busenello 1642, 1. Akt, 9. Szene). Des Weiteren sieht er sich als Aufgabenträger von Veränderungen. *„Meine Macht darf nur von mir ausgehen"* (Busenello 1642 1. Akt, 10. Szene), wobei er diese nicht im Sinne der Gemeinschaft nutzt. Außerdem sieht sich *Nero* selbst als Held. *„Wir wollen von dem lächelnden Antlitz singen, das zu Heldentaten und Liebe anregt"* (Busenello 1642, 2. Akt, 4. Szene).

Der Philosoph *Seneca* gehört in die dritte Gruppe „Der Weise". Er wird von den anderen als schlauer Fuchs bezeichnet und von Octavia um Rat gebeten (Busenello 1642). Nachdem ihm der Tod vorhergesagt wurde, entgegnet er: *„Lass den Tod kommen: Standhaft und stark werde ich Schrecken und Angst überwinden. Am Ende dunkler Tage ist der Tod der Anbruch des ewigen Lichts"* (Busenello 1642, 1. Akt, 8. Szene). Obwohl ihm Nero eröffnet hatte, dass er Octavia als Gattin verstoßen und Poppäa heiraten wird, gibt *Seneca* dem Kaiser subtilen

---

[20] Deutsche Namensbezeichnungen.

Rat, indem er an die Tugend und Vernunft erinnert (Busenello 1642). Des Weiteren denkt *Seneca* über das Himmlische in seiner niedrig irdischen Form nach. Er ergibt sich seinem Schicksal, als ihm die Todesbotschaft überbracht wird. *„Ich wappne mich schon seit geraumer Zeit gegen die Schläge des Schicksals. (...) Lachend empfange ich solch edle Gabe"* (Busenello 1642, 2. Akt, 2. Szene). *Seneca* sieht den Olymp, zu dem er sich aufschwingen wird, als *„wahren Hort des Glücks"* (Busenello 1642, 2. Akt, 3. Szene).

2.3.2.2. Die Zauberflöte

Die berühmte Oper „Die Zauberflöte" stammt aus der musikalischen Feder von Wolfgang Amadeus Mozart (1719-1787). Das Libretto verfasste Emanuel Schikaneder (1751-1812). Sie wurde im Jahre 1791 uraufgeführt und spielt in Ägypten zu einer fiktiven Zeit.

A) Inhalt

Paminas Vater, König und Mitglied der weisen Männer, ist tot. Sein Erbe wird von *Sarastro*, Anführer der weisen Männer, verwaltet. Paminas Mutter, die Königin der Nacht, möchte sich dem jedoch nicht fügen und beabsichtigt, *Sarastro* und die weisen Männer zu vernichten. Um das zu verhindern, entführt *Sarastro* Pamina, die rechtmäßige Erbin des Königs ist. Prinz *Tamino* jagt in einem Wald und wird von einer Riesenschlange verfolgt. Als er in Ohnmacht fällt, retten ihn die drei Damen der Königin der Nacht. *Papageno*, der Vogelhändler, kommt zufällig vorbei und gibt vor, die Schlange getötet zu haben. Aus diesem Grund wird er von den drei Damen bestraft. Diese überreichen *Tamino* ein Bild von Pamina, in die er sich sofort verliebt. Er verspricht den drei Damen und der Königin der Nacht, Pamina aus den Händen *Sarastros* zu befreien. Zum Schutz vor Gefahren erhalten *Tamino* und *Papageno*, der ihn begleiten muss, eine Zauberflöte. Drei Knaben führen die beiden zum Tempel *Sarastros*. *Papageno* wird von *Tamino* vorausgeschickt und überredet Pamina zur Flucht. Sie träumt von ihrem Retter *Tamino*, während sich *Papageno* eine Papagena wünscht. Inzwischen hat *Tamino* von den weisen Männern die Wahrheit über Paminas Entführung erfahren und weiß, dass sie lebt. Pamina und *Papageno* werden von ihren Verfolgern eingeholt und zurückgebracht. *Tamino* sieht zum ersten Mal die Prinzessin. *Tamino* und *Papageno* müssen sich von Pamina trennen und vorgeschriebene Prüfungen überstehen. Sie dürfen keinesfalls sprechen. Auch als die drei Damen auftauchen bleibt *Tamino* standhaft, was *Papageno* allerdings schwer fällt. Selbst als ihn seine geliebte Pamina anfleht mit ihm zu sprechen, schweigt er. Pamina erhält von ihrer Mutter den Befehl *Sarastro* zu töten, was sie nicht übers Herz bringt. Gemeinsam muss das Paar den Weg durch Feuer und Wasser gehen und Verzweiflung und Todesnot überwinden. Die drei Knaben führen *Papageno* und Papagena zusammen. Am Ende wird die Königin der Nacht vernichtet (Harenberg Opernführer 2000).

B) Einteilung der männlichen Hauptpersonen in die Allegorie-Typen

Papageno gehört zu der ersten Gruppe „Der Feige". Der Vogelfänger weicht sogleich beim Anblick der toten Schlange zitternd zurück, obwohl er Tamino gegenüber lügt, diese getötet zu haben. Auch hinterfragt er nichts und weiß nicht, in welcher Gegend er lebt, wer seine Eltern oder wer die drei Damen sind. Außerdem möchte er nicht mit Tamino zu Sarastro gehen, da ihm sein Leben sehr viel wert ist. Und als Sarastro auftritt, bittet er darum: *„O wär ich eine Maus! Wie wollt ich mich verstecken, wär ich so klein wie Schnecken, so kröch ich in mein Haus"* (Schikaneder 1791, 1. Akt,17. Auftritt). Beim Ertönen eines Donnerschlages fürchtet sich *Papageno* und es läuft ihm eiskalt über den Rücken. Nach der Aufforderung Taminos, sich wie ein Mann zu verhalten, entgegnet er, *„ich wollt' ich wär ein Mädchen"* (Schikaneder 1791, 2. Akt, 2. Auftritt). Des Weiteren betont er: *„Kämpfen ist meine Sache nicht. – Ich verlang' auch im Grunde gar keine Weisheit. Ich bin so ein Natursmensch, der sich mit Schlaf, Speise und Trank begnügt"* (Schikaneder 1791, 2. Akt, 3. Auftritt). Er hat so eine große Angst vor den Aufgaben der Priester, dass er sogar davor zurück scheut, obwohl sie ihm seinen größten Wunsch ein Weibchen erfüllen wollen. Wiederum fordert ihn ein Priester auf sich wie ein Mann zu verhalten. Nachdem *Papageno* allein ist und nicht mehr weiß, wo er ist, beginnt er zu weinen und zu jammern (Schikaneder 1791).

Tamino gehört zu dem zweiten Männertyp „Der Held". Er ist sofort entschlossen, Pamina zu retten. *„Der Bösewicht falle von meinem Arm"* (Schikaneder 1791, 1. Akt, 5. Auftritt). Außerdem bewältigt *Tamino*, die ihm gestellten Aufgaben *„standhaft, duldsam und verschwiegen"* (Schikaneder 1791, 1. Akt, 14. Auftritt); so wie es ihm die drei Knaben auftragen. Er fordert Papageno auf, sich wie ein Mann zu verhalten, während er zu keiner Zeit Furcht zeigt. Tamino beteuert immer wieder, dass er bereit ist, sein Leben zu geben, wenn er Pamina retten kann. *„Mich schreckt kein Tod, als Mann zu handeln, - Den Weg der Tugend fort zu wandeln"* (Schikaneder 1791, 2. Akt, 28. Auftritt). Am Ende siegt sein standhaft männliches Betragen (Schikaneder 1791). *Tamino* ist aufgrund seines männlichen und gelassenen Verhaltens auf der Stufe zum dritten Männertyp „Der Weise". Außerdem wird er am Ende als ein weiser Fürst (Schikaneder 1791) regieren. Ihm ist klar, dass *„die Weisheitslehre sein Sieg sein wird"* (Schikaneder 1791, 2. Akt, 3. Auftritt). Er hat auch durchschaut, dass die drei Damen ihn zum Unrecht bewegen möchten und sagt zu sich: *„Ein Weiser prüft und achtet nicht, was der verworfne Pöbel spricht"* (Schikaneder 1791, 2. Akt, 5. Auftritt).

Sarastro verkörpert den dritten Männertyp „Der Weise". Er lebt im Weisheitstempel und wird dort von seinen Gefolgsleuten (Priestern) als Weiser verehrt. Die Priester um *Sarastro* singen für die Tugend und Gerechtigkeit. *Sarastro* hat Pamina der Mutter entrissen, um sie mit Tamino zu verheiraten und damit den Weisheitstempel vor der Wut der Königin der Nacht zu schützen. Er sagt auch, dass sie im Weisheitstempel keine Rache, sondern Liebe kennen und sie dem Feinde vergeben können (Schikaneder 1791). *„Wen solche Lehren nicht erfreu'n, verdienet nicht ein Mensch zu seyn"* (Schikaneder 1791, 2. Akt, 12. Auftritt).

2.3.3. Prüfung der Arbeitsdefinition durch Dritte

Die Opernstudie „Die Allegorie–Typen" wurde von zwei unabhängigen Personen auf Übereinstimmungen und Ergänzungen überprüft. Diese Personen verfügen über eine der Autorin vergleichbare musikwissenschaftliche Vorbildung.

Die Prüfer stimmen mit der Anzahl und der Charakterisierung der „Allegorie-Typen" überein. Ebenso ist ihnen die Einteilung der jeweiligen drei Personen aus den Opern in die drei Männertypen plausibel. Sie betrachten das Modell als nachvollziehbar und verständlich. Die Matrix verdeutliche die Einteilung der männlichen Hauptpersonen und zeige schematisch die Eigenschaften der jeweiligen Männertypen.

Vor allem sah ein Prüfer „Die Allegorie–Typen" als ein Entwicklungsmodell an. Er argumentiert, dass man im Laufe seines Lebens von der Kindheit bis zum Tod hintereinander die drei Männertypen durchläuft. Als Kind ist man unreif und feige, im jungen Erwachsenenalter heldenhaft und zum Ende eines Lebens weise. Damit gab dieser Prüfer den jeweiligen Männertypen eine Bewertung, von der die Autorin explizit absieht (siehe Einleitung). Er sieht den

„Feigen" als negativen Männertyp an, den nur Kinder einnehmen sollten. Erwachsene Männer sollten in der Lage sein über den Horizont eines „Feigen" hinauszublicken. Kinder werden jedoch in der Opernstudie von der Autorin bewusst ausgeklammert (siehe 2.3.).

2.4. Die Männlichkeitsstudie von Raewyn Connell

Die Soziologin Raewyn Connell definierte Männlichkeit aufgrund ihrer Lebenserfahrung und ihres Wissens durch vergangene Studien. Sie bezeichnet dies als *„Gedanken über Männlichkeit"* (Connell 2006, 17). Anschließend führte sie von 1985 bis 1992 in Australien eine Studie mit vier Gruppen von Männern durch. Hierbei analysierte sie anhand von Interviews, die auf Tonband aufgenommen wurden, die Lebensgeschichten der 36 Probanden. Diese wurden von drei Personen (zwei Männer und eine Frau, u.a. Connell) nach einem Leitfaden interviewt. Der Leitfaden gab hierbei vor, welche Themen angesprochen werden sollten, er gab aber nicht vor wie die Themen angesprochen und wo nachgefragt werden sollte. Die Konzentration lag auf Verhaltensweisen der Männer in bestimmten Lebensbereichen und deren Art und Weise Beziehungen zu gestalten, sowie frühere Erinnerungen, Familienkonstellationen, Beziehungskrisen und Zukunftswünsche (Connell 2006).

Die Soziologin beschäftigte sich bei ihrer Studie mit Bereichen (z.B. Armenviertel), von denen sie im Vorfeld annahm, dass dort bestimmte Männlichkeiten existieren, die sie auch als solche determiniert. Sie fand dort eine Bestätigung ihrer im Vorfeld erstellten Definition von Mann und Männlichkeit. Anschließend wählte sie die Testpersonen anhand einer weniger repräsentativen als vielmehr strategischen Stichprobe aus,[21] indem sie nach Gruppen von Männern suchte, *„deren Konstruktion oder Integration von Männlichkeit unter Druck geraten war"* (Connell 2006, 112). Connell erforscht z.B. die Krisentendenzen von Rationalisierung anhand der Lebensgeschichten von neun Männern. Ausgangspunkt ist hierbei die Männlichkeitsform der „Hegemonie" und „Komplizenschaft", deren Merkmal die Tugend Vernunft ist (siehe 2.4.1.; 2.4.2.). Das Hauptziel der Untersuchung Connells war Veränderungen von Männlichkeit und den individuellen männlichen Lebensläufen zu erfassen. Hierüber waren die Testpersonen informiert (Connell 2006).

Connell geht davon aus, dass verschiedene Männlichkeiten nebeneinander existieren, die sie in Kategorien zusammen fasst. Die Soziologin spricht von vier Männlichkeiten. Diese Männlichkeiten *„bilden einen Rahmen, mit dessen Hilfe wir spezifische Formen von Männlichkeit analysieren können"* (Connell 2006, 102). Connell bezeichnet diesen Rahmen als karge.[22]

2.4.1. Die Hegemonie

Connell hat den Begriff „Hegemonie" von dem Sozialist, Antifaschist und Kommunist Antonio Gramsci (1891-1937) übernommen. Während „Hegemonie" bei Gramsci eine politische Vormachtstellung ist, bedeutet „Hegemoniale Männlichkeit" bei Connell die in der Gesellschaft legitime Verkörperung des Patriarchats als Gewährleistung für die Dominanz der Männer und die Unterordnung der Frauen. Diese Männlichkeit kann demnach weder von Frauen, noch von anderen Männern angegriffen werden. Männer dieser Gruppe verfügen in der gesamten Gesellschaft und nicht nur in einem Teilbereich der Gesellschaft über eine Vorherrschaft. Diese Vorherrschaft begründet sich durch die *„Macht der Vernunft"* (Connell 2006,

---

[21] Vgl. Connell 2006.
[22] Vgl. Connell 2006.

185*)*, mit der Annahme, *„dass Männer rational und Frauen emotional seien"* (Connell 2006, 185). Dieses Denken ist nicht nur bei Patriarchen, in der abendländischen Philosophie und in der Geschlechtertheorie beliebt, sondern entspricht auch dem Alltagsverständnis von Männern und Frauen. Männer dieser Gruppe üben keine direkte Gewalt aus, sondern werden aufgrund ihrer Autorität geachtet. „Hegemonie" unterliegt dem Wandel der Zeit und kann somit im Laufe der Geschichte zu einer nicht akzeptierten Männlichkeit werden. Die Anzahl an Männern, die tatsächlich in diese Gruppe fallen, ist sehr klein, da nur wenige Männer den Ansprüchen der Definition genügen. Dies sind z.B. Männer mit traditionsreichen Berufen, Reichtum oder Firmenmacht (Connell 2006).

2.4.2. Die Komplizenschaft

In diese Gruppe fallen alle Männer, die von der Dominanz der „Hegemonialen Männer" profitieren (Komplizen). Diese Männer stehen mit der „Hegemonialen Männlichkeit" in Verbindung, verkörpern diese aber nicht. Sie erhalten Teile des Gewinns der „Hegemonialen Männer", tragen allerdings nicht deren Risiken. Die Männer dieser Gruppe gehen, z.B. in ihrer Ehe, Kompromisse mit Frauen ein, übernehmen die Hausarbeit, aber bringen stets den Arbeitslohn nach Hause. Hier führt der Soziologe als Beispiel eine Gruppe von Männern mit angesehenen Berufen (Pilot, Architekt, Lehrer) an, die zwar über Expertenwissen verfügen und in einem „Hegemonialen Kontext" arbeiten, aber nicht den oben beschriebenen Anforderungen der „Hegemonie" genügen (Connell 2006).

2.4.3. Die Unterordnung

Bei der „Untergeordneten Männlichkeit" geht es um einen Teilbereich der gesamten Gesellschaft, in dem eine Gruppe von Männern über der anderen Gruppe von Männern steht. Das gängigste Beispiel ist „Die Unterordnung" Homosexueller zu heterosexuellen Männern (Connell 2006).

2.4.4. Die Marginalisierung

Bei den drei bereits beschriebenen Männlichkeiten geht es um Männlichkeiten innerhalb eines bestimmten Bereiches (z.B. „Untergeordnete Männlichkeit" von Homosexuellen im Bereich Sexualität). Die Interaktionen zwischen anderen Strukturen, wie Klasse oder Rasse führt zu einer weiteren Form von Männlichkeit. Aspekte der schwarzen Männlichkeit haben z.B. bei Weißen eine bestimmte symbolische Bedeutung.[23]

„So werden beispielsweise schwarze Sportstars zu Musterbeispielen männlicher Härte, während die Phantasiegestalt des schwarzen Vergewaltigers in der Geschlechterpolitik unter Weißen eine bedeutende Rolle spielt, die von den rechten Politikern in der USA nur zu gerne instrumentalisiert wird. Andererseits hält die hegemoniale Männlichkeit unter Weißen die institutionelle und physische Unterdrückung aufrecht, welche den Rahmen für die Konstruktion einer schwarzen Männlichkeit bilden" (Connell 2006, 101).

„Die Marginalisierung" entsteht durch die Dominanz einer „Hegemonialen Gruppe". Connell führt als konkretes Fallbeispiel für die „Marginalisierte Form von Männlichkeit" junge Män-

---

[23] Vgl. Connell 2006.

ner an, die aufgrund ihrer sozialen Benachteiligung, die von Armut, geringer Bildung und Ausschluss geprägt ist, gegen die „Hegemoniale Männlichkeit" protestieren. Dies äußert sich als Wut und sogar als Rachegedanke auf politische und wirtschaftliche Autoritäten (z.B. Gesetz, Manager). Zurückzuführen ist dies auf die beschränkten Möglichkeiten, welche die Männer dieser Gruppe haben (Connell 2006).

2.5. Parallelen und Unterschiede zwischen Connells Männlichkeitsstudie und den Allegorie-Typen

Connell und die Autorin geben eine Definition für Mann und Männlichkeit. Beide sprechen nicht von dem einen Mann, sondern setzen verschiedene Männertypen, die nebeneinander stehen, fest. Bei Connell besteht der zu definierende Mann aus vier Männertypen (siehe 2.4.), wohingegen die Autorin drei Männertypen (siehe 2.3.), „Die Allegorie–Typen", als Resultat einer Opernstudie differenziert. Ein entscheidender Unterschied zwischen Connells vier Männertypen und den „Allegorie–Typen" ist die Entstehungszeit. Für Connell ist der Mann seit der Moderne durch die vier Männertypen zu differenzieren. „Die Allegorie–Typen" begründen sich jedoch auf Libretti des 17. und 18. Jahrhunderts (siehe 2.3.2.).

Connell setzt ihre Definition von Männlichkeit aufgrund eigener Erfahrung und Wissen fest. Sie leitet die Definition nicht anhand wissenschaftlicher Untersuchungen her. Wie soeben erwähnt, wurden „Die Allegorie–Typen" auf der Basis von Libretti hergeleitet und finden ihre Legitimität nicht in Alltagswissen und Erfahrung.

Des Weiteren fallen für Connell Männer, die zu einer bestimmten Gruppe gehören unter einen spezifischen Männertyp, unabhängig von individuellen Eigenschaften und Verhalten. Die Soziologin dringt hierbei in verschiedene Lebensbereiche vor (siehe 2.4.) und fasst dann die Personen in diesen Bereichen im Vorfeld unter einem bestimmten Männertyp zusammen. Die Männlichkeit wird bei Connell quasi von außen auferlegt, wobei sie folglich eine persönliche Entscheidung des Mannes für bzw. gegen eine Männlichkeit abspricht. „Die Allegorie–Typen" begründen sich jedoch nicht auf Zugehörigkeit eines Mannes zu einer Gruppe, sondern darauf, dass sich ein Individuum auf eine bestimmte Art und Weise verhält und aufgrund dieses Verhaltens in einen Männertyp fällt. Papageno z.B. fällt wegen seiner Persönlichkeit und seinem Verhalten unter den ersten Männertyp „Der Feige" (siehe 2.3.1.1.; 2.3.2.2. B). Er beklagt sein eigenes Schicksal und sieht sich selbst als Opfer an. Er hätte die Möglichkeit, sich anders zu verhalten, z.B. seinem Schicksal standhaft gegenüber zu stehen, und würde somit unter einen anderen Männertyp fallen. Ein Mann kann sich auf Grundlage der „Allegorie–Typen" bewusst für oder gegen einen Männertyp entscheiden. Das heißt folglich, dass Männer ähnlicher Biographien nach der Opernstudie der Autorin in unterschiedliche Männertypen fallen, aber auch den gleichen Männertyp verkörpern können. Dies ist von ihren Merkmalen und ihrem Verhalten und nicht von ihrem Stand und ihrer Rolle in der Gesellschaft abhängig.

Demgegenüber gehört ein reicher Manager nach Connell, auch wenn dieser keinen „Hegemonialen Lebensstil" führt, zunächst in die „Hegemoniale Männlichkeitsgruppe". Nach den „Allegorie–Typen" kann er allerdings alle Männertypen einnehmen und ist nicht zwangsläufig in einen Männertyp einzuordnen. Auch kann sich ein Mann, der in die Gruppe „Marginalisierung" (siehe 2.4.4.) fällt, noch so heldenhaft benehmen und sich in seinem Verhalten kaum von einem „Hegemonialen Mann" unterscheiden, doch sein Männertyp ändert sich nach Connell dadurch erst mal nicht. Bei der Einteilung von Männer in „Die Allegorie-Typen" wurden die männlichen Einzelcharaktere betrachtet und anschließend nach deren Eigenschaften und Verhaltensweisen entschieden, in welche Kategorie sie fallen. Die Einteilung der Männlichkeit auf Basis der „Allegorie–Typen" erfolgt nach den individuellen Aspekten, die Connell bei der Festlegung ihrer vier Männertypen nicht berücksichtigte.

Hierbei stellt der „Hegemoniale Männertyp" (siehe 2.4.1.) eine Sonderform dar. Ein Mann, der unter die „Hegemoniale Männlichkeitsform" fällt, muss meistens im Vorfeld ein entsprechend positives Verhalten gezeigt haben, um überhaupt dieser Gruppe anzugehören. Es gibt sicherlich Männer, die ohne eigene Anstrengung z.B. in eine reiche Familie hineingeboren wurden und somit einen „Hegemonialen Männertyp" verkörpern. Angenommen diese Männer würden ihr Geld sinnlos ausgeben, so würden sie schnell aufgrund ihres Verhaltens in eine andere Männlichkeitsgruppe fallen. Aus diesem Grund kann man im Falle des „Hegemonialen Mannes" nicht eindeutig davon sprechen, dass die Zugehörigkeit eines Mannes zu einer Männlichkeit lediglich von seiner Gruppenzugehörigkeit abhängt und nicht von seinem Verhalten.

Vor allem forscht Connell in welche Richtung sich Männlichkeit im Laufe der Biographie verändert und verändern kann. Hierbei finden die individuellen Aspekte eines Mannes, die bei der Definition von Männlichkeit anhand der vier Männertypen ignoriert wurden (siehe oben), Berücksichtigung. Ein Mann gehört in eine der vier Männertypen und entwickelt sich aufgrund von Bildung, Erziehung und Lebensführung zu einem anderen der vier Männertypen. Ein „Hegemonialer Mann" (siehe 2.4.1.) entwickelt sich z.B. zu dem „Männertyp Komplizenschaft" (siehe 2.4.2.), weil er den Beruf gewechselt hat. Dabei erkannte die Soziologin, dass sich bestimmte Männlichkeiten unter denselben Bedingungen nur in eine Richtung verändern können. Ein Mann fällt möglicherweise im Laufe seines Lebens bzw. in mehreren Lebensbereichen parallel unter mehrere Männlichkeitsformen. Das bedeutet, dass ein Mann im Berufsleben zum „Hegemonialen Männertyp" gehören kann, da er einen angesehen Job ausübt und im Privatleben unter den „Untergeordneten Männertyp" (siehe 2.4.3.) fallen, da er homosexuell ist.

Bei den „Allegorie–Typen" geht es jedoch nicht um den Prozess einer Veränderung von einem Männertyp zu einem anderen Männertyp, sondern um eine Statusabfrage. Dies bedeutet, dass sich ein Mann auf Basis der „Allegorie-Typen" auch mehrmals in seinem Leben zwischen der Ausübung eines Männertyps hin und her entscheidet. Außerdem ist es durchaus möglich, dass sich jemand unter bestimmten Bedingungen von einem Männertyp zum anderen Männertyp bewegt. Es kann z.B. sein, dass sich ein Mann, der unter den ersten Männertyp „Der Feige" (siehe 2.3.1.1.) fällt, aufgrund einer neuen Arbeitsstelle zu dem zweiten Männertyp „Der Held" (siehe 2.3.1.2.) verändert. Eine Entwicklung von einem Männertyp zu einem anderen Männertyp wird auf Basis der „Allegorie–Typen" nicht ignoriert und erscheint wichtig; jedoch ist diese Veränderung der Männlichkeit im Laufe des Lebens für den weiteren Verlauf der vorliegenden Studie nicht bedeutsam.[24] Des Weiteren kann nach den „Allegorie-Typen" ein Mann nicht im Gegensatz zur Studie von Connell gleichzeitig zu mehreren Männertypen gehören. Schließlich entscheidet er sich aufgrund seines Verhaltens für einen Männertyp (siehe oben), den er dann in allen Lebensbereichen verkörpert. Die Gruppenzugehörigkeit ist für einen Mann nach den „Allegorie–Typen" für die Einteilung in einen der drei Männertypen nicht entscheidend. Es ist z.B. eine generelle Charaktereigenschaft Papagenos sein eigenes Schicksal zu bejammern. Dies macht er unter Freunden genauso wie im Stillen (siehe oben).

---

[24] Schließlich geht es generell um die Frage der Männlichkeit von Gesangskastraten und nicht um deren Entwicklung von einer Männlichkeit zu einer anderen Männlichkeit. Der Punkt 4. beschäftigt sich mit der Frage, ob die Gesangskastraten überhaupt in einen Männertyp einzuordnen und somit Männer sind und nicht ob sie sich unter bestimmten Gegebenheiten von einem zu anderen Männertyp entwickeln.

Da sich die Studie Connells und „Die Allegorie–Typen" auf eine unterschiedliche Entstehungszeit stützen (Moderne bzw. 17./18. Jahrhundert) und verschiedene Maßstäbe zur Einteilung von Männern in einen Männertyp angewandt werden (Gruppenzugehörigkeit bzw. Verhalten und Persönlichkeit), ergeben sich keine Parallelen beim Vergleich der Männertypen Connells mit den „Allegorie–Typen". Die Definition von Männlichkeit nach Connell und die Definition von Männlichkeit basierend auf den „Allegorie–Typen" wurde auf unterschiedliche Art und Weise und unter verschiedenen Gegebenheiten erstellt. Folglich ergibt sich eine komplett andere Definition von Männlichkeit. Der „Hegemoniale Mann" stellt unter den vier Männertypen nach Connell eine Sonderform (siehe oben) dar, da ein Mann zu dieser Männlichkeitsgruppe nicht nur aufgrund der Zugehörigkeit zu einer Gruppe, sondern auch aufgrund von eigenem Verhalten gehört. Folglich ist ein Vergleich des „Hegemonialen Männertyps" mit den „Allegorie–Typen" „Der Feige" (siehe 2.3.1.1.), „Der Held" bzw. „Der Potentat" (siehe 2.3.1.2.) und „Der Weise" (siehe 2.3.1.3.) möglich. Übereinstimmungen ergaben sich jedoch nur bei dem Vergleich des „Hegemonialen Mannes" mit dem zweiten Männertyp „Der Held".

Die Schnittstelle zwischen Connells Männlichkeiten und den „Allegorie–Typen" ist bei der gesellschaftlichen Bewertung der „Hegemonialen Männlichkeit" nach Connell (siehe 2.4.1.) und dem zweiten „Allegorie–Typ" „Der Held" (siehe 2.3.1.2.) zu sehen. Bei beiden Männertypen handelt es sich um eine legitimierte Form und von Männern, wie auch Frauen angesehene Männlichkeit.[25] „Der Held" wird aufgrund seines lobenswerten Verhalten, das dem Umfeld und den Menschen Positives bringt, gerühmt. Schließlich setzt er sich aktiv für Veränderungen ein, um negative Zustände zu beseitigen. Tamino rettet z.B. Pamina und erhält somit das Ansehen Paminas und aller, die sich über ihre Rettung freuen. Sein Verhalten, das unter den zweiten Männertyp „Der Held" fällt, wird von anderen positiv bewertet (siehe 2.3.2.2.). Ein Mann, der unter den „Hegemonialen Männertyp" (siehe 2.4.1.) nach Connell fällt, hat vor anderen Menschen eine Vorherrschaft. Diese Vorherrschaft ist legitim und wird von niemand angezweifelt, da sie der „Hegemoniale Mann" aufgrund von (angeborenen) Status bzw. eigener Anstrengung erlangt hat. Beide Männertypen steuern aktiv ihr Leben und sehen sich nicht passiv ihrem Schicksal ausgeliefert. Sie sind tatkräftig und packen an. Man kann den „Hegemonialen Mann" beinahe als Übersetzung des „Helden" in die Moderne betrachten. Dabei ergeben sich nur zwei Unterschiede: Zum einen handelt „Der Held" nicht immer zwangsläufig vernünftig. Er lässt sich Zeitweise auch von seiner Leidenschaft leiten. Die Betonung der Vernunft stellt im Zusammenhang mit dem „Hegemonialen Mann" ein wichtiges Charakteristikum dar. Zum anderen übt „Der Held" im Gegensatz zum „Hegemonialen Mann" manchmal direkte, auch körperliche Gewalt aus. Dies passiert aber nur im Sinne des Guten (vgl. Robin Hood bzw. den klassischen Westernheld). „Der Held" hat die Entscheidungsgewalt darüber, ob er sich gut oder böse („Der Potentat", siehe 2.3.1.2.) verhält. Gut und böse definieren sich hierbei nach dem in der Gesellschaft geltenden Ideal und dessen Gegenteil.

---

[25] Die Autorin sieht, wie in der Einleitung erwähnt, von einer Bewertung der Männertypen ab.

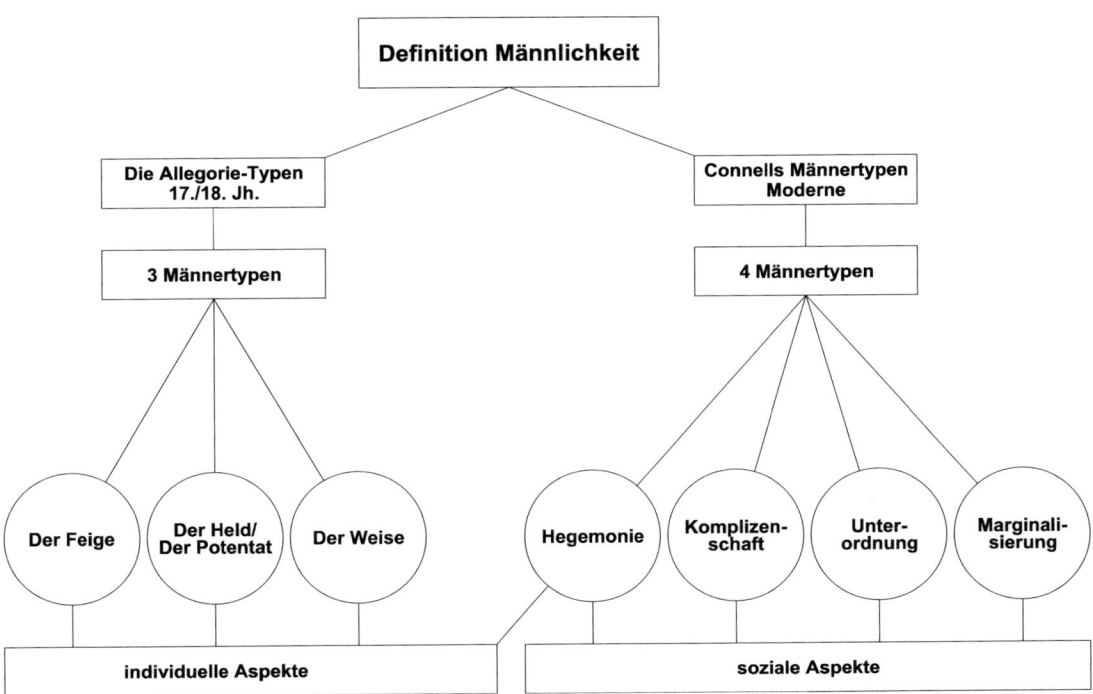

Abb. 1: Die Allegorie-Typen und Connells Männlichkeitsstudie im Überblick

Zusammenfassend lässt sich sagen, dass Connell deckungsgleich zur Autorin eine Definition von Männlichkeit gibt, die auf mehreren Männertypen beruht. Connell sieht ihre Männertypen seit der Moderne, wobei sich „Die Allegorie–Typen" auf Libretti des 17. und 18. Jahrhunderts stützen. Die Einteilung von Männern in drei ihrer Männlichkeitsgruppen erfolgt über soziale Merkmale (Gruppenzugehörigkeit). Die Einteilung von Männern in den „Hegemonialen Männertyp" kann auch über das Verhalten eines Mannes erfolgen. Die Einteilung von Männern nach den „Allegorie-Typen" geschieht grundsätzlich über individuelle Merkmale (Verhalten). Als Folge kann der „Hegemoniale Männertyp", der dem zweiten „Allegorie–Typ" „Der Held" ähnlich ist, im Hinblick auf die Verhaltensmerkmale mit den drei „Allegorie–Typen" verglichen werden. Connell betont in ihrer Studie vor allem den Prozess der Entwicklung von einer Männlichkeit zu einer anderen Männlichkeit, worauf bei den „Allegorie–Typen" kein Wert gelegt wird.

3. Die Gesangskastraten im 17. und 18. Jahrhundert

3.1. Begriffserklärungen

Unter Kastration (lateinisch *castro*, *castratus* für kastrieren, entkräften) wird die operative Entfernung der Keimdrüsen verstanden (Brockhaus 1986). Die Keimdrüsen sind die Träger der Fruchtbarkeit. Bei der Frau sind das die Eierstöcke und beim Mann die Hoden bzw. Testikel. Die Kastration kann sowohl an der Frau als auch am Mann durchgeführt werden (Haböck 1927).

Ein Kastrat ist folglich der Definition zu Kastration eine Person, bei der die Keimdrüsen entfernt oder ausgeschaltet wurden. Diese Person wird durch die Kastration zeugungsunfähig (Brockhaus 1986).

Als Gesangskastraten bezeichnet man einen Sänger, der vor der Pubertät der Kastration unterzogen worden war, damit der Stimmwechsel unterblieb und seine Knabenstimme erhalten blieb (Fritz 1994; Ortkemper 1995; Haböck 1927; Gruber 1982).[26] Hierbei handelt es sich ausschließlich um Männer, da bei heranwachsenden Knaben in der Pubertät die Stimme um ca. eine Oktave tiefer wird, was es galt durch die Kastration vor der Geschlechtsreife zu verhindern (siehe 3.3.1.).[27]

Bis 1580 kannte man den orientalischen Eunuchen als Haremswächter, der aller seiner äußeren Geschlechtsmerkmale beraubt war (Barbier 1998). Von diesen sogenannten schwarzen Eunuchen unterschied man die weißen Eunuchen, denen zwischen dem 10. und 21. Lebensjahr lediglich die Testikel entfernt wurden (Kastrat). Auch hier handelt es sich um Männer, denn der uns bekannte Wortschatz kennt nur männliche Worte für Eunuch (Fritz 1994).

Die Bezeichnungen Eunuch und Kastrat werden synonym benutzt. Demzufolge wurde auch der Begriff Gesangseunuch verwendet.[28] Des Weiteren wurde ein Kastrat Verschnittener oder la voce bianca – die weiße Stimme genannt (Haböck 1927).

Bedeutsam ist der Zeitpunkt der Kastration, da die Folgen der Kastration u.a. vom Alter des Kastrierten abhängen. Gemäß des Themas dieser Studie bezieht sich die Autorin auf die Kastration vor dem Eintreten der Geschlechtsreife (siehe 3.3.1.).

Das 17. und 18. Jahrhundert wird als das goldene Zeitalter des Kastratengesanges überliefert. Die berühmtesten Kastraten, wie zum Beispiel Carlo Broschi, genannt Farinelli (1705-1782) oder Gaetano Majorano, genannt Caffarelli (1710-1783) stammten aus dieser Zeit.[29] Die Glanzzeit der Kastraten ist unmittelbar mit der Entstehung der Oper und mit der Eröffnung des ersten Operntheaters in Venedig im Jahre 1637 verbunden (Haböck 1927).

---

[26] Das Stimmfach ist Sopran oder Alt.
[27] Die Bezeichnungen Kastrat und Gesangskastrat werden in der vorliegenden Studie zur Vereinfachung synonym gebraucht. Somit werden beide Begriffe für Männer verwendet, die zum Zweck der Erhaltung ihrer hohen Knabenstimme kastriert wurden, gleichgültig ob sie nach der Kastration eine Karriere als Sänger machten oder nicht.
[28] Die in der Literatur gebräuchlichere Bezeichnung im Zusammenhang mit der Kastration zur Erhaltung der Knabenstimme ist Gesangskastrat.
[29] Nachfolgend werden die Künstlernamen zur Bezeichnung dieser Sänger verwendet.

3.2. Die Anfänge der Kastration

Es kommt uns heute wahrscheinlich unglaublich vor, dass in Italien im 17. und 18. Jahrhundert Kinder aus dem einzigen Grund ihre kindliche Stimme zu erhalten ihrer angeborenen Geschlechtsmerkmale (siehe 2.1.1.) beraubt wurden. Aber die Kastration wurde fast dreihundert Jahre lang tausendfach nur aus diesem Grund an Knaben vollzogen (Ortkemper 1995).

3.2.1. Der (pseudo-)religiöse Grundgedanke

Schuld daran ist in gewisser Weise der Apostel Paulus, obwohl er die Folgen seiner Worte nicht ahnen konnte, als er an die Gemeinde in Korinth schrieb: *„Wie in allen Gemeinden der heiligen lasset eure Weiber schweigen in der Gemeinde"* (Hamp; Stenzel & Kürzinger 2006, 1. Brief des Paulus an die Korinther, 14. Kapitel, Vers 34).

Leider war die tragische Auswirkung der Auslegung dieser Worte durch die Kirche, dass die Frauen bis weit in das 18. Jahrhundert in der Kirche und in päpstlichen Provinzen nicht singen durften (Haböck 1927). Obwohl Paulus noch im gleichen Vers sagt, dass sich die oben erwähnte Forderung auf das Reden von Frauen *(„denn es soll ihnen nicht zugelassen werden, daß sie reden")* im Sinne von predigen und mitreden im Kirchengeschehen bezieht (Hamp; Stenzel & Kürzinger 2006), wurden seine restlichen Worte beim Ausspruch des Gesangsverbotes für Frauen missachtet und seine Aussage auf diese Forderung reduziert (Ortkemper 1995). Gleichwohl Paulus der Frau im gesamten Vers keine sonderlichen geistigen Fähigkeiten zusprach, erwähnte er mit keinem Wort, dass sie den Gottesdienst nicht mitgestalten, bzw. nicht singen dürfe (Hamp; Stenzel & Kürzinger 2006).

Viele Jahre lang stellte das Gesangsverbot für Frauen kein Problem dar, da man die einfachen Melodien mit Knaben vor dem Stimmbruch (siehe 3.3.1.1.) besetzen konnte, die jedoch im Laufe der Zeit überfordert waren. An deren Stelle traten spanische Falsettisten, die sogenannten Spagnoletti. Ende des 16. Jahrhunderts kam irgendwann die Idee der Kastration auf (Ortkemper 1998).[30] Die Stimme der Kastraten klang vollkommen anders als die Stimme der Spagnoletti und faszinierte den damaligen Papst Clemens VIII. (1536-1605, Papst ab 1592) so sehr, dass er den Kastraten Girolamo Rosini (1581-1644) im Jahr 1601 im päpstlichen Chor engagierte.[31] Wenige Jahre später waren bereits alle neu aufgenommen Sopranisten Kastraten (Ortkemper 1995). Die Aufnahme von Kastraten in der Sixtinischen Kapelle erfolgte konstant bis zur Abschaffung im Jahre 1903 durch Pius X. (1835-1914, Papst ab 1903) (siehe 3.4.2.) und andere Kirchenchöre taten dem gleich (Ortkemper 1995).

Grotesk an der Aufnahme von Gesangskastraten als Sänger in den Kirchenchören durch die Päpste war bzw. ist, dass alle Päpste im Zeitalter der Kastration die schlimmsten Strafen für

---

[30] An diesem Punkt streiten sich die Autoren und eindeutige Belege sind Mangelware. Manche sehen die Anfänge der Kastration zur Erhaltung von hohen Stimmen in der religiösen Entmannung von Mönchen. Andere meinen, dass sich Italien die Kastration von Spanien abgeschaut hätte und bereits im 12. Jahrhundert Kastraten in italienischen Kirchen gesungen hätten. Zuverlässigere Daten stammen erst aus dem 16. Jahrhundert (Haböck 1927).

[31] Es hat schon vierzig Jahre vor Rosinis Engagement, zur Regierungszeit des Papstes Pius IV. (1499-1565, Papst ab 1559) Kastraten in der päpstlichen Kapelle gegeben. Offenbar haben sich die Spagnoletti damals noch erfolgreich gegen diese Konkurrenz erwehren können, so dass es in den folgenden vier Jahrzehnten wenigstens in Rom zu keinem weiteren Engagement eines Kastraten gekommen war. Rosini war wohl bis dahin der beste Kastrat und durch seine Aufnahme wurde es schließlich zur Normalität Kastraten aufzunehmen (Ortkemper 1995).

diejenigen angedroht hatten, die an der Kastration beteiligt waren oder davon wussten. Genau diese Päpste benötigten jedoch die Kastraten als Sänger in ihren Messen (Ortkemper 2000).

Der Verleger für das Magazin der Musik Carl Friedrich Cramer (1752-1807) brachte es folgerichtig auf den Punkt: *„Die große Schlachtbank wurde also in den Ländern des Papstes errichtet"* (Carl Friedrich Cramer zit. nach Ortkemper 1995, 305).

3.2.2. Die kulturellen Hintergründe

Dass sich zu Beginn des 17. Jahrhunderts, unter Papst Clemens VIII., die Kastraten in der päpstlichen Kapelle durchsetzen konnten und innerhalb von zwanzig Jahren die Spagnoletti restlos verdrängten, ist nicht nur auf den musikalischen Geschmack des damals regierenden Papstes zurückzuführen. Zur gleichen Zeit wurde in Italien nämlich eine neue musikalische Lustbarkeit erfunden, die auf der Erweckung antik-griechischer Traditionen beruhte (Ortkemper 1995).

Den Beginn nahm diese Wiedergeburt der Antike im Jahre 1597 mit einem musikalischen Schauspiel des Sängers und Komponisten Jacopo Peri (1561-1633). Das Stück hieß „Dafne" und wurde während des Karnevals in Florenz aufgeführt. Drei Jahre später führte derselbige ein dramatisches musikalisches Schauspiel Namens „Euridice" auf. Die Wiederbelebung der antiken Tragödie durch die beiden genannten Werke und schließlich durch ein Stück von Claudio Monteverdi (1567-1643), „Orfeo", führte schließlich zum Erfolg eines neuartigen Kunststils – die Oper war geboren. Anfänglich wurden auch diese Sopranpartien der genannten Werke von Knaben vor dem Stimmbruch gesungen (siehe 3.2.1.), denen die Gesänge schließlich zu schwierig wurden. Kastraten verfügten allerdings über eine solide musikalische Ausbildung (siehe 3.4.1.), Technik und Erfahrung eines Erwachsenen. Außerdem verlangte es die Geschichte der antiken Stücke, dass die Gesänge der Rollen etwas Übernatürliches hatten, was die Stimme der Knaben keinesfalls, aber Kastraten mit ihrem nicht-menschlichen Klang (siehe 3.6.2.1.; 3.6.2.3.) erfüllen konnten (Ortkemper 1995).

Ein weiterer Grund für die Notwendigkeit von Gesangskastraten war, dass Frauen, wie auch in der Kirche (siehe 3.2.1.), nicht im Kirchenstaat[32] und in einigen Ländern außerhalb Italiens öffentlich singen durften (Haböck 1927).

Neben Kirche und Opernhäuser hielten sich viele Fürstenhäuser Kastraten für kulturelle Anlässe wie Zirkustiere (Haböck 1927; Ortkemper 1995).

Als Folge des hohen Bedarfes an Kastratensänger durch Kirche, Opern- und Fürstenhaus wurde Italien quasi zur Produktionsstätte von Kastraten (Haböck 1927). Man geht von einer Kastrationszahl von ca. 4000 Jungen jährlich aus (Scholz 1997). Wegen dieser hohen Anzahl an Verstümmelten bezeichnet der Autor und Historiker Paul Münch die Knabenkastration als *„die mit Abstand größte geschlechtsspezifische Schädigung der frühneuzeitlichen Geschichte"* (Münch 2000, 64).

---

[32] Als Kirchenstaat bezeichnete man das Herrschaftsgebiet des Papstes in Mittelitalien. Der Kirchenstaat bildete sich aus Grundbesitz. Er wurde 1870 dem italienischen Nationalstaat einverleibt und im Jahr 1929 wurde der Vatikanstaat als päpstliches Staatsgebiet im Bereich von Rom gegründet (Brockhaus 1986).

3.3. Die Kastration

Obwohl so viele Jungen jährlich dieser Operation unterzogen wurden, suchen wir vergebens in italienischen Lehrbüchern der Chirurgie nach einer Beschreibung. Das mag an dem offiziellen Verbot (siehe 3.2.1.) liegen, das von der Kirche ausgesprochen wurde. Indirekt erfährt man von ihr jedoch in medizinischen Lexika (Ortkemper 1995).[33] Unter Punkt 3.3.2. folgt eine Beschreibung der Operation, wie sie vermutlich ausgeführt wurde (Ortkemper 1995).

Trotz mangelnder Beschreibung der Kastration war es bekannt, dass die Knaben in jungen Jahren der Operation unterzogen werden mussten, um eine hohe Stimme zu erhalten. Allerdings war erst Jahre später klar, dass die Knaben aufgrund der Operation keine normale Pubertät wie andere Buben im gleichen Alter durchlebten (Ortkemper 1995).

3.3.1. Das Kastrationsalter

3.3.1.1. Der Ablauf der Pubertät bei einem nicht kastrierten Knaben

Die Pubertät ist der Übergang vom kindlichen zum erwachsenen Organismus, der durch das Erreichen eines bestimmten Reifegrades des Hypothalamus[34] ausgelöst wird. Die zentrale Steuerung der Pubertät läuft über Hormone (Brockhaus 1986).

Die erste Phase der Pubertät endet mit der Geschlechtsreife, die bei der Frau zwischen dem 11. und 15. und beim Mann zwischen dem 13. und 16. Lebensjahr erfolgt. Des Weiteren ist die Pubertät durch die Ausbildung der sekundären Geschlechtsmerkmale (siehe 2.1., 2.) und durch eine Veränderung des Längenwachstums gekennzeichnet. Der körperliche Reifungsprozess ist mit dem psychischen Reifungsprozess, der die zweite Phase der Pubertät darstellt, verbunden (Brockhaus 1986).

Stimme und Geschlecht würden sich unter normalen Umständen parallel entwickeln (Ortkemper 1999). Denn im Verlauf der Pubertät verändert sich neben den Geschlechtsmerkmalen auch die Stimme von Jungen. Unter dem Einfluss der Geschlechtshormone kommt es bei ihnen zu einer Vergrößerung des Kehlkopfes. Gleichzeitig verlängern sich die Stimmlippen und ihre Masse nimmt zu. Dabei verringert sich die Schwingfrequenz und die Stimme gewinnt an Umfang. Die Sprechstimmlage sinkt etwa um eine Oktave. Während der Übergangszeit kann der Knabe die Stimmbänder nicht in der gewohnten Weise kontrollieren. Seine Stimme wechselt kieksend zwischen der hohen Knaben- und der tiefen Männerstimme. Er ist im Stimmbruch (Kaintoch 1996).

3.3.1.2. Die Kastration vor Eintritt der Pubertät

Um diesen Stimmbruch in der Pubertät zu vermeiden und im Erwachsenenalter die hohe Knabenstimme zu erhalten, mussten die Gesangskastraten bereits als Kinder vor dem 12. Lebensjahr, sogenannte Frühkastraten, operiert werden (Haböck 1927).[35]

---

[33] In der „Encyklopädie der gesammten Medizin", erschienen 1841, findet man als Erklärung für das Wort Castration: Entmannung, Ausrottung der Hoden (Ortkemper 1995).
[34] Steuerungszentrum des vegetativen System im Zwischenhirn.
[35] Nur wenn die Operation vor Einsetzen der Pubertät durchgeführt wurde, blieb die Stimme hoch. Wurde die Operation allerdings während der Pubertät, vor dem 20. Lebensjahr vollzogen, so war die Stimme zarter, höher

Durch eine operative Entfernung der Keimdrüsen (siehe 2.1.) vor der Geschlechtsreife konnte nämlich der Prozess der geschlechtlichen Entwicklung ausgeschaltet werden. Damit wurde gleichzeitig der in der Pubertät einsetzende Wachstumsstoß (siehe 3.3.1.1.) gebremst. Ohne das beschleunigte Pubertätswachstum vergrößerten sich der Kehlkopf und die Stimmlippen weniger stark. Die Folge war das Beibehalten einer hohen Stimme bis zum Tod (Fritz 1994).[36]

3.3.2. Die Vorgehensweise

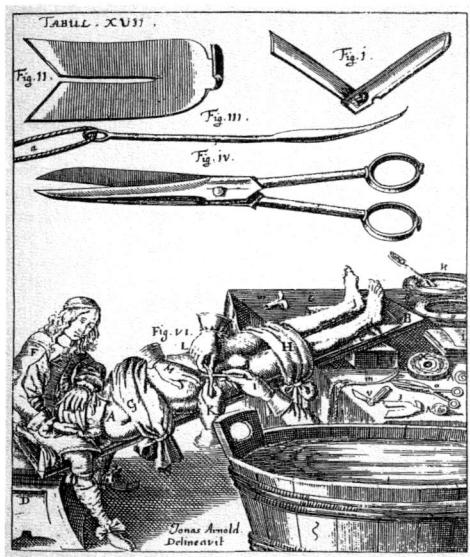

Abb. 2: Die Kastration und chirurgische Instrumente

Der berühmte Gesangskastrat Caffarelli (siehe 3.5.1.) forderte als kleiner Junge selbst die Kastration[37], da sein Wunsch ein berühmter Sänger zu werden, so groß gewesen sei. Der Vater habe ihn anschließend an einen Agenten gegeben, der Caffarelli in Begleitung seines Gesangslehrers Maestro Caffaro zur Kastration in das abgelegene Örtchen Norcia brachte,[38] wo niemand an der Operation Anstoß nahm (Ortkemper 2000).

In Norcia wurden die Buben von einem Arzt empfangen.[39] Dieser bat sie, sich auf einen schrägen Tisch zu legen und sich nackt auszuziehen, um sie gründlich zu untersuchen. Währenddessen gossen zwei Assistenten heißes Wasser in einen hölzernen Bottich. Der Arzt setzte den Jungen in das Wasser und gab ihm einen Becher, der ein in Wasser aufgelöstes Pulver enthielt (Ortkemper 2000).

„Er fühlt sich plötzlich sehr müde, aber die Mattigkeit hat etwas Wohliges. Eigentlich ist diese angenehme Erschöpfung das letzte, an das Gaetano sich später wirklich erinnern kann, die Erschöpfung und ein furchtbarer Schmerz. Dieser Schmerz muß so entsetzlich gewesen sein, daß er in eine tiefe Ohnmacht gefallen ist. Als er wieder voll bei Bewußtsein war, lag er fiebernd in seinem Bett in der Herberge" (Ortkemper 2000, 25/26).

Wurde die Operation von einem Chirurgen ausgeführt, so machte dieser mit einem scharfen Messer einen Schnitt links oberhalb des Gliedes, um die Kanäle, die zu den Hoden führen, frei zu legen. Dann zog der Arzt den Samenleiter heraus, schob ihn zwischen ein stumpfes konvexes Messer, klemmte ihm mit einem Zwirn ab und durchschnitt ihn. Die stark blutende

---

als normal, aber besaß nicht den charakteristischen Klang eines vor der Pubertät Operierten. Eine Kastration im Greisenalter hatte keine Auswirkungen auf die Stimme (Gruber 1982).

[36] Wobei auch die Kastratenstimme einer geringen Mutation im Laufe des Lebens ausgesetzt war und somit im Alter tiefer wurde (Haböck 1927).

[37] In den meisten Fällen wurden die Buben jedoch von ihrem Vater ohne eigene Zustimmung zur Kastration verkauft (Singh 1989).

[38] Norcia galt im 18. Jahrhundert als eines der italienischen Kastrationszentren (Ortkemper 1995).

[39] Wegen des offiziellen Verbotes der Kastration (siehe Einleitung; 3.2.1.) wurden die zahlreichen Eingriffe zumeist in Hinterzimmer von Chirurgen als Nebenverdienst, aber auch von Metzgern oder Barbieren durchgeführt (Ortkemper 1995).

Wunde wurde mit frischer Asche desinfiziert und mit einer Kompresse und einer Binde gehalten (Ortkemper 1995).

Die Hoden wurden manchmal zusätzlich entfernt (schwarze Eunuchen, siehe 3.1.), oder verstümmelten infolge der Operation (Barbier 1998). Zur Linderung des Schmerzes während der Operation standen lediglich Kräuterextrakte, alkoholgetränkte Schlafschwämme oder seltener Opium zur Verfügung. Damit der Patient nicht am Schock seiner Schmerzen verstarb, musste die Operation sehr schnell vorgenommen werden (Ortkemper 2000).

Bei einer anderen Methode der Kastration wurde dem Jungen, während er im heißen Wasser saß, beide Hoden mit einer breiten, flachen Eisenschere zerquetscht (Ortkemper 1995).

Generell wurde die Operation von den meisten Kastraten, auch wegen des offiziellen Verbotes (siehe Einleitung; 3.2.1.), ihr Leben lang tabuisiert. Viele brachten das Gerücht in Umlauf, dass sie als Knabe beim Spielen über Pfähle gesprungen oder vom Pferd gefallen seien, was die Operation notwendig machte (Ortkemper 2000).

3.4. Das Leben nach der Kastration

3.4.1. Die Ausbildung am Konservatorium

Die Kinder, deren Stimme bereits in der Jugend die Möglichkeit einer Karriere anzeigte,[40] wurden häufig unmittelbar nach ihrer Kastration in eine der damals fünf berühmten Musikschulen gebracht (siehe 3.3.2.). Diese fünf italienischen Konservatorien standen in Rom, Florenz, Venedig, Neapel und Bologna (Fritz 1994).

Trotz dieser Überprüfung der Stimme vor der Kastration, war die Zahl der Kinder groß, die nach ihrer Kastration wegen fehlenden Talentes vor den Toren der Konservatorien weggeschickt wurden. Ortkemper bezeichnet sie als *„die Verachtesten der Verachteten"* (Ortkemper 1995, 257).

Das Konservatorium war ursprünglich eine Stätte zur Pflege und Erziehung (lateinisch conservare für erhalten, bewahren) und stellte in Italien ein Heim für die zahlreichen ausgesetzten Kindern dar (Brockhaus 1986). Sie finanzierten sich durch Spenden, die jedoch kaum ausreichten, so dass sie auf eine zusätzliche Einnahmequelle angewiesen waren. So ließ man Kinder in Wohltätigkeitskonzerten singen, um die Menschen zu einer Gabe zu bewegen. Da die Konservatorien meistens einer Kirche angeschlossen waren, konnten die Kinder noch zusätzlich Einnahmen mit ihrem Gesang in den Gottesdiensten erzielen. Mit dem Gewinn kam es zur Einführung von Schul-, später auch Gesangs- und Musikunterricht und schließlich zur Entwicklung von professionellen Musikschulen (Ortkemper 1995).

Kam nun ein Knabe, der aufgrund seiner Operation von anderen im Konservatorium als nicht intakt (non integri) bezeichnet wurde, kurz nach seiner Kastration in ein Konservatorium, so erhielt er in Erwartung einer glanzvollen Karriere eine Sonderbehandlung (z.B. wärmeres Zimmer, besseres Essen). Dies brachte ihm oftmals Missgunst der intakten Studenten (integri) entgegen (Barbier 1998).

---

[40] Manche Autoren sagen, dass eine solche Überprüfung in den meisten Fällen vor der Operation beispielsweise durch den örtlichen Chorleiter stattgefunden hat (siehe Ortkemper 1995; Gruber 1982).

Trotzdem war die siebenjährige Ausbildung an einem Konservatorium für einen Kastraten äußerst hart (Sonnenschmidt 1990). Neben gesanglichen Fertigkeiten und Blattsingen erhielten die Jungen Instrumentalunterricht (Ortkemper 2000). Die Folge des facettenreichen Unterrichts war immerhin, dass Kastraten, deren Stimme nach der Ausbildung nicht zu einer Anstellung in einer Oper (siehe 3.4.3.) ausreichte, die Möglichkeit hatten, als Lehrer Komponist oder in Kirchenchören (siehe 3.4.2.) zu arbeiten (Fritz 1994).

Vor allem muss man im Hinterkopf behalten, dass es sich bei den Schülern um kleine Kinder handelte, die oft weit weg von ihrem Elternhaus waren und nicht wussten, wie ihr Leben weiter gehen würde.

3.4.2. Die Kastraten in den Kirchenchören

Ein Kastrat, der kein Engagement an einer Oper (siehe 3.4.3.) fand, konnte von Glück reden, wenn er in einem Kirchenchor aufgenommen wurde. Neben der päpstlichen Kapelle in Rom, gab es im Laufe der Zeit in allen größeren Kirchen Italiens Kastraten in den Chören (Fritz 1994). Es ist hier nochmals zu erwähnen, dass die Kirche die Kastration in ganz Italien mit den höchsten Strafen verfolgte (siehe 3.2.1.). Und dennoch sind Kastraten in den Kirchenchören noch um Jahre länger belegt als in der Oper (Gruber 1982).

Als letzter Kastrat der Sixtinischen Kapelle gilt offiziell Alessandro Moreschi.[41] Von Moreschi existieren die einzigen Tonbandaufnahmen des Kastratengesangs (siehe Einleitung). Allerdings geben uns die Aufnahmen lediglich einen Eindruck von dem eigentümlichen Klang der Kastratenstimme (siehe 3.6.2.1.). Dies liegt zum einen an der schlechten Qualität der Aufnahmen und zum anderen an Moreschi, der Zeugnissen zufolge vor dem fremden Aufnahmegerät sehr aufgeregt war[42] (Gruber 1982).

1902 leitete der Papst Leo XIII. (1810-1903, Papst ab 1878) die Abschaffung der Kastraten der päpstlichen Kapelle ein. Ein endgültiges Ende gab es dann unter Papst Pius X. im Jahr 1903 (siehe 3.2.1.) (Gruber 1982).

3.4.3. Die Kastraten in den Opernhäusern

Die wenigsten Kastraten schafften es nach ihrer Ausbildung auf die Opernbühne. Im Theater erhielten sie dann nicht nur die Bewunderung der Besucher, sondern hohe Gagen. Das damalige Theaterleben unterschied sich von heutigen Verhältnissen aber nicht nur durch die Gagen eines Sängers (Ortkemper 2000).

3.4.3.1. Die damaligen Theatersitten

Das Theater des 17. und 18 Jahrhunderts ist mit dem heutigen Theater nicht mehr zu vergleichen. Die Menschen gingen damals zu öffentlichen Proben, von deren Gefallen nicht selten der Erfolg einer Oper abhing, um die Melodien kennen zu lernen. Anschließend besuchten sie

---

[41] Gruber sagt dagegen, dass Moreschi nicht der letzte Kastrat der Sixtinischen Kapelle gewesen sein kann. Als Beweis dieser These führte er ausführliche Stimmanalysen mit einer später aufgenommenen Platte des Vatikans durch. Demnach wäre der Sänger Domenico Mancini, der von 1939-1959 in der Sixtinischen Kapelle tätig war, der letzte Sopranist gewesen. Siehe Gruber 1982.

[42] Haböck kannte Moreschi persönlich und die Stimme Moreschis als Klangideal an. Siehe Haböck 1927.

nicht zwangsläufig pünktlich die Premiere bzw. die Vorstellung und blieben nicht unbedingt bis zum Ende einer Aufführung (Ortkemper 1995). Während der Oper hatten viele Damen ihre Empfänge, manche unterhielten sich oder spielten Karten. Es wurden Erfrischungen durch die Reihen gereicht. Im Theater brannten zahlreiche Kerzen, deren Anzahl von der Festlichkeit der Aufführung abhängig war. Da eine Vorstellung manchmal vier bis fünf Stunden dauerte, wundert es schon, dass zum einen die Sänger in der stickigen Luft überhaupt singen konnten und zum anderen die Zuschauer so lange durchhielten. Die Kerzen waren auch der Grund für die unzähligen Theaterbrände in dieser Zeit (Ortkemper 1995).

Die Besucher erwarteten auf der Bühne keinen Realismus, sondern Verzauberung. Diese Verzauberung sollte mit prachtvollen Kostümen, einer ausgefeilten Beleuchtung, raffinierten Bühneneffekten und durch die engelsgleichen Stimmen der Kastraten erzeugt werden (Ortkemper 1995). Die Handlung war mit Theatralik überhäuft oder wirkte naiv (Haböck 1927). In diese verträumte Künstlichkeit passten hervorragend die Stimmen der Kastraten (Ortkemper 2000). Denn für die Theaterbesucher bestand der besondere Reiz beim Hören der Kastratenstimme in der widersprüchlichen Wahrnehmung von Auge und Ohr. Sie sahen einen Mann und glaubten die Stimme einer Frau zu hören (Ortkemper 1995; Fritz 1994).

3.4.3.2. Der Aufbau einer Oper

Im Gegensatz zum verträumten Geschehen auf der Bühne war der Aufbau einer Oper genau strukturiert. So hatten Librettist und Komponist vor allem dem Sänger und der Sängerin zu gefallen, die damals indirekt das Theater regierten (Haböck 1927). Gerade die Primadonnen (siehe 3.4.3.3.) und ersten Kastraten (siehe 3.4.3.3.) hatten kein Interesse daran Teil eines Gesamtschauspiels zu sein und wollten vielmehr so häufig wie möglich ihre stimmliche Qualität (siehe 3.4.3.3.; 3.6.2.1.) unter Beweis stellen.

Es gab durchaus Librettisten, denen die Macht der Sänger nicht bewusst war. Der berühmte italienische Komödiendichter und Librettist Carlo Goldoni (1707-1793), der sich anfänglich als Opernlibrettist versuchte, wurde wegen seiner Unwissenheit von Caffarelli (siehe 3.5.1.) verspottet. Der Direktor der Mailänder Oper klärte ihn schließlich über die dramaturgischen Gesetze der italienischen Oper auf:

„Die drei Hauptpersonen der Oper hätten jeweils Anspruch auf fünf Arien, davon je zwei im ersten und zweiten Akt, eine im dritten. Die zweite Sängerin und der zweite Kastrat dürften nur drei Arien bekommen, die übrigen Sänger hätten sich mit einer oder höchstens zwei zu begnügen. Für diese dürfe er auch keine leidenschaftlichen Arien dichten, denn es sei ihnen nicht gestattet, zu viel Beifall zu erwerben. Bei den ersten Sängern habe er darauf zu achten, daß die dramatischen Arien, die Bravourarien und die pathetischen Arien gut verteilt seien und niemals zwei derselben Art aufeinanderträfen. Es sei ein großer Fehler gegen die Dramaturgie, eine dieser Regeln zu übertreten. (...) Übrigens dürfe in der ganzen Oper allenfalls ein Duett vorkommen" (Ortkemper 2000, 106).

Selbst der berühmte Komponist Georg Friedrich Händel (1685-1759) hatte in London mit seinem Opernhaus King's Theatre keinen Erfolg, weil er nicht bereit war sich den Sängern mehr als seiner Komposition zu verpflichten (Haböck 1927).

Andere Komponisten machten sich mit ihren Werken nur einen Namen, da sie einen berühmten Kastraten verpflichten konnten. Der Kastrat bestand dann auch darauf, dass die Komposition, die durch den Komponisten nur Stichprobenhaft notiert wurde (siehe 3.4.3.3.), Elemente aufwies, in denen er die wahre Größe seiner Stimme zeigen konnte. Opernmusik hieß damals Gesangsmusik (Haböck 1927).

3.4.3.3. Die Kastraten auf der Bühne

Der Beginn der Kastratenkarriere auf der Bühne wurde mit einem Debüt, zumeist in Frauenrollen, im Alter von ca. 15 Jahren eingeläutet. Vor ihrem ersten Auftritt legten sich die Gesangskastraten einen Künstlernamen (siehe 3.1.) zu. Meistens wurde hierfür der Name des Lehrers bzw. Gönners in verniedlichender Form gewählt (z.B. Fritz 1994). Gaetano Majorano wählte z.B. im Gedenken an seinen Gesangslehrer Maestro Caffaro den Namen Caffarelli (Ortkemper 2000).

Auf der Bühne hatten die Kastraten dann meistens andere Kastraten als Kollegen. In manchen Staaten, z.B. in Venedig, durften allerdings Frauen auftreten. Trotzdem wurden die Kastraten auch in Opernhäusern außerhalb von Kirchenstaaten den Frauen vorgezogen. Wenn der Kastrat eine Frau zur Bühnenkollegin hatte, dann gab es neben dem ersten Sänger (primo uomo) die erste Sängerin (prima donna), zwischen denen auf der Bühne oft ein kleines Duell entfachte (Haböck 1927).

Sang die Primadonna ihre Arie, so lief der erste Kastrat über die Bühne, nahm eine Prise Schnupftabak oder unterhielt sich mit seinen Anhängern in den Logen. Die Primadonna dagegen rächte sich, indem sie während der Arie des anderen mit den Orchestermusikern flirtete oder sich nochmals puderte. Die Verehrer beider Seiten bekämpften sich im Theater lautstark. Man kann kaum sagen, wer sich von den beiden auf der Bühne unmoralischer verhielt (Walter 2000).

Während sich die Primadonna auf der Bühne zum Ärger des Kastraten mit anderen vergnügte, zeigte der Kastrat die Facetten seiner Stimme vor allem in der Da capo-Arie. Dies ist die Bezeichnung für eine Arie mit dem Aufbau A B A. Der Text unterschied sich in den Teilen A und B. Die Wiederholung des A–Teiles ist mit dem Verweis da capo (D.C.) angegeben (Fritz 1994). Die Teile A und B wurden schlicht gesungen. Die stimmliche Vielfalt konnte der Kastrat schließlich in der Wiederholung

Abb. 3: Primadonna und Kastrat

des Teil A beweisen. Hier erwarteten die Zuhörer die schönsten und vielfältigsten Koloraturen. Es kam nicht vor, dass sich diese Ausschmückungen an einem Abend wiederholten. Da die Arien von den Komponisten nur Stichprobenhaltig notiert wurden, waren die eigentlichen Komponisten die Kastraten auf der Bühne. Dieses Können ließ sich auf die gute musikalische Ausbildung (siehe 3.4.1.) zurückführen (Fritz 1994).

Die Kastraten waren nicht nur in der Da capo–Arie, sondern den ganzen Theaterabend lang mit dem vollen Ausschöpfen ihrer Stimme beschäftigt. So machten sie sich keine Gedanken darum, eine bestimmte Rolle auf der Bühne schauspielerisch zu verkörpern. Lediglich Schminke und Kostüm zeigten den Charakter der dargestellten Person an, nicht aber das schauspielerische Können des Kastraten, der sich auch wenig darum scherte, welchen Text er sang, solange seine Stimme brillierte. Im 17. und 18. Jahrhundert war es ohnehin nicht von Belang wie gut eine bestimmte Rolle auf der Bühne gezeigt wurde. Das Gefallen einer Oper hing nur von der Stimme (siehe 3.4.3.1.) des Sängers ab (Walter 2000).

3.5. Das Leben dreier Kastraten

3.5.1. Caffarelli

Abb. 4: Caffarelli

Gaetano Majorano, genannt Caffarelli, wurde 1710 in dem Dorf Bitonto bei Neapel geboren. Der neunjährige Junge, der bereits regelmäßig in der Kirche des Dorfes sang, erklärte sich selbst zur Kastration bereit (siehe 3.3.2.). Anschließend wurde er im Konservatorium von Neapel von dem berühmtesten Gesangspädagogen seiner Zeit Nicola Porpora (1686-1768) unterrichtet und debütierte mit 16 Jahren in einer Frauenrolle in Rom. Er soll eine große weibliche Anziehungskraft und Schönheit gehabt haben, so dass ihm der Wechsel von der weiblichen Bühnenrolle ins männliche Heldenfach sehr schwer fiel.[43] Zahlreiche Berichte existieren über Caffarellis arrogante Launen und Starallüren.

Im Jahre 1783 verstarb Caffarelli, nachdem er sich in Neapel einen Palazzo erbaute, in dem er vereinsamt lebte. Dieser trug die Inschrift „Amphyon Thebas – ego domum" („Amphion erbaute Theben, ich dieses Haus"), mit der er eine bestimmte Macht zur Schau tragen wollte (Ortkemper 2000).

Es existieren zahlreiche Berichte über Caffarellis unangebrachtes Verhalten. In diesem Abschnitt werden zwei Beispiele angeführt, um zu verdeutlichen, wer und wie Caffarelli war. Eine prägnante Situation war ein Engagement Caffarellis bei einem Nonnengelübde. Neben Caffarelli sang ein Kastratenkollege Namens Nicola Reginella (1710-1751), der nur wenige Kilometer vom Geburtsort Caffarellis, geboren wurde. Von Anfang an existierten Spannungen zwischen den beiden Sängern. Caffarelli bildete sich ein, dass Reginelli Einzelheiten aus seinem Privatleben und über die Gründe seiner Kastration kenne. Caffarelli hat zwar keine Lügengeschichten über seine Kastration verbreitet (siehe 3.3.2.), aber er ließ lieber den Schleier des Unbestimmten über diesem Thema. Der Violinist verteilte die Noten der Kantate und bat Reginelli die oberste Sopranstimme an Don Gaetano weiterzugeben. Reginelli fragte, wer denn damit gemeint sei, woraufhin Caffarelli entgegnete, dass jeder wisse, wer Don Gaetano sei. Die Kastraten tauschten alle möglichen Beleidigungen aus, bis Caffarelli begann mit seinem Spazierstock auf Reginelli einzuschlagen. Letztendlich landete das Duell in der Kirche, wo die Streithähne getrennt werden konnten. Eine weitere Begebenheit zeigt, dass sich Caffarelli, immer wenn er unsicher wurde, der Operation erinnerte, die ihn zu einem etwas anderen Mann machte. Da sein Kastratenkollege Gizziello (1714-1762), vor dem Caffarelli großen Respekt hatte, neben ihm in einer Jubelkantate engagiert wurde, meinte er den Konkurrenten in die Schranken weisen zu müssen. Deswegen empfing er ihn, auf einem Toilettenstuhl sitzend (Ortkemper 2000).

---

[43] Das männliche Heldenfach wurde im 17. und 18. Jahrhundert von Kastraten im Sopran bzw. Alt und nicht wie heute üblich im Tenor gesungen (siehe 3.6.2.3.).

3.5.2. Filippo Balatri

Abb. 5: Filippo Balatri

Filippo Balatri wurde 1682 in Pisa geboren und im Alter von elf Jahren aufgrund seines gesanglichen Talentes kastriert. Er galt sein Leben lang als unberühmter Sänger, obwohl er durchaus Angebote an Opern erhielt, die er bis auf sein Debüt an der Münchner Opernbühne 1716, ablehnte. Mit ca. 16 Jahren wurde der streng katholische Balatri auf Geheiß des Dienstherren des Vaters, Großherzog Cosimo III de' Medici (1642-1723), nach Moskau an Zar Peter den Großen (1672-1725) geschickt. Von Moskau aus machte Balatri einen unfreiwilligen Ausflug zu Ayuki-Khan (1642-1724), zum Khan der Tartaren. Im Jahre 1703 kehrte er nach Pisa zu seinen Eltern und älteren Bruder zurück, da der Vater erkrankte und Balatri für die Familie sorgen musste. Des Weiteren übernahm er sein Leben lang Verantwortung für seinen lebensuntüchtigen Bruder Ferrante. Balatri reiste, zeitweise von seinem Bruder begleitet, durch die Welt. Im Jahre 1725 begann er seine Memoiren (siehe Einleitung) zu schreiben. 1739 trat er als Mönch in das Zisterzienserkloster Fürstenfeld bei München ein und verstarb dort 1756 (Wunnicke 2001).

Balatri kam durch seine schelmische Art in fast jeder Gesellschaft gut an. Auch wenn er in Angelegenheiten anderer Meinung als seine Mitmenschen war, blieb er stets höflich und gelassen. Sein Gastgeber in Moskau Fürst Alexejewitsch Golizyn (1654-1714) gewährte ihm sogar Zutritt zu den abgeschlossenen Frauengemächern. Der Fürst nannte seinen Gast stets mein Sohn. Da Balatri aus einem streng katholischen Vaterhaus stammte, sah er die ewige Verdammnis als ständiges Damoklesschwert über seinem Dasein. Diese Furcht wurde durch seinen Status als Kastrat noch verstärkt (Wunnicke 2001).

3.5.3. Farinelli

Carlo Broschi, genannt Farinelli, wurde 1705 als drittes Kind in Andria geboren. Von Kindheit an wurde er von seinem Bruder Riccardo und seinem Vater musisch ausgebildet. Riccardo studierte Komposition am Konservatorium in Neapel und komponierte zahlreiche Arien für seinen Bruder. Im Jahre 1714, mit neun Jahren, wurde Farinelli in Neapel aufgrund seiner stimmlichen Begabung kastriert und studierte anschließend, wie sein Bühnenkollege Caffarelli (siehe 3.5.1.), bei Porpora in Neapel. Sein Debüt feierte er 1720, wobei er bereits einen bleibenden Eindruck hinterließ. In den folgenden Jahren folgten Reisen durch ganz Europa. 1734 sang er in der Opera of Nobility, das Konkurrenzunternehmen zu Händels Opernhaus King's

Abb. 6: Farinelli

Theatre. 1737 hatte Farinelli einen Auftritt vor König Ludwig XV. (1710-1774). Der König, der für französische Verhältnisse (siehe 3.6.2.1.; 3.6.4.2.) begeistert schien, schenkte Farinelli für seinen Gesang eine goldene Tabakdose. Diese Tabakdose stellte für einen der größten Sänger dieser Zeit mehr eine Beleidigung als Bezahlung dar. Während sich Caffarelli, der einmal in einer ähnlichen Situation war, äußerst über diese Beleidigung empörte, zeigte sich Farinelli von größter Höflichkeit und nahm dankend Abschied. Anschließend ging er zum Madrider Königshof, um mit seinem Gesang die Melancholie des Königs Philipps V. (1683-1746) zu kurieren. Dort wurde ihm das Leben durch Machtintrigen zwischen der Königin Elisabeth (1692-1766) und einem Sohn des Königs aus erster Ehe, Ferdinand VI. (1713-1759), erschwert. Nach dem Tod Philipps V. arbeitete Farinelli für dessen Sohn Ferdinand weiter. Er organisierte Opernaufführungen, bildete Sänger aus, komponierte und überwachte den Bau eines Opernsaales. Nach dem Tode Ferdinands kam Karl III. (1716-1788) an die Macht und sicherte der ehemaligen Königin Elisabeth abermals Einfluss. Sie entließ daraufhin Farinelli, der sich in Bologna mit einem beachtlichen Vermögen zur Ruhe setzte und 1782 verstarb (Barbier 1995).

Farinelli ging Zeit seines Lebens sehr großzügig mit seinen erworbenen Reichtümern um. So rief er nach einem verheerenden Erdbeben im Jahr 1755 in Lissabon, durch das die Sänger, Instrumentalisten und Tänzer des Theaters ihr ganzes Hab und Gut verloren, einen Solidaritätsfonds ins Leben, in den er aus eigener Schatulle 2000 Dublonen einzahlte (Ortkemper 2000).

3.6. Die Folgen der Kastration

Obwohl die Operation seit Jahrtausenden bekannt (siehe Einleitung) und die Kenntnisse über die Entfernung der Hoden bei Tieren umfangreich waren, existierte lange Zeit keine medizinische Literatur zu den Folgen der Kastration am Menschen (Fritz 1994). Die ersten systematischen Untersuchungen an Kastraten gibt es erst seit der zweiten Hälfte des 19. Jahrhunderts von dem russischen Gerichtsmediziner Eugen Pelikan (Lebensdaten unbekannt) an den Skopzen (Fritz 1994).[44] Außerdem ist ein Bericht von dem Anatom Wenzel Gruber (1814-1890) zu erwähnen, der die Organe eines 65jährigen, früh Entmannten Kastraten nach dessen Tod genau untersuchte (Gruber 1847).

3.6.1. Die unmittelbaren Folgen

Eine unmittelbare Folge der Kastration war der Tod. Es starben ca. 60 Prozent während der Operation an dem Schock ihrer Schmerzen oder an der miserablen bzw. fehlenden Nachsorge (Sonnenschmidt 1990).

Des Weiteren gab es auch zahlreiche Kinder, die nach dem Eingriff ihr Leben lang verstümmelt, blind bzw. geistig behindert waren. Diese Kinder wurden meistens nicht von ausgebildeten Chirurgen operiert (siehe 3.3.2.). Um nicht zu verhungern, wurden sie Bettler oder landeten auf Jahrmärkten. Nur einer von Tausend wurde nach der Kastration zum gefeierten Star (Schwarz, Christopher, 2000).

3.6.2. Die stimmlichen Folgen[45]

Obwohl es zu den stimmlichen Folgen, wie in 3.6. erwähnt, erst seit kurzem wissenschaftliche Beweise gibt, erkennen wir bereits an Texten im Alten Testament, dass ein Zusammenhang zwischen der Kastration vor der Geschlechtsreife (siehe 3.3.1.2.) und der hohen Stimme als

---

[44] Skopzen (russisch skopec für Kastrat) ist die Bezeichnung für Mitglieder einer Kastratensekte in Russland. Sie wurde 1775 unter dem Bauern Andrej Iwanow gegründet. Der Gründer propagierte eine Geheimlehre mit völliger geschlechtlicher Enthaltsamkeit als alleinigen Heilsweg und forderte mit Berufung auf diverse Bibelstellen die sogenannte Feuertaufe. Gemeint ist hiermit die Kastration bei Männern und die Beschneidung bei Frauen, die ursprünglich mit einem glühenden Eisen, später mit einem Rasiermesser durchgeführt wurde. Im Laufe der Jahre breitete sich das Skopzentum trotz beständiger staatlicher Verfolgung in ganz Russland aus (Brockhaus 1986).
[45] Hierzu gehören auch alle körperlichen Folgen, die den Stimmapparat beeinflussen.

beabsichtigte Folge besteht. Hier wurden nämlich Verschnitte und Sänger immer zusammen erwähnt (Haböck 1927).

3.6.2.1. Die klanglichen Besonderheiten der Kastratenstimme[46]

Heute ist es schwierig zu rekonstruieren, wie die Stimme eines Kastraten im 17. bzw. 18. Jahrhundert geklungen haben könnte. Klar ist, dass die Kastratenstimme komplett anders war als die Stimme einer Frau, eines Mannes oder eines männlichen Kindes, das der Operation nicht unterzogen worden war. Sie enthielt aber Anteile der Stimme einer Frau, eines Mannes bzw. eines Kindes. Die einzigen Aufnahmen, die von einem Kastratensänger existieren (siehe Einleitung; 3.4.2.), geben uns kein rechtes Zeugnis von der Klangfarbe der Stimme gepaart mit Ausdauer, Kraft und Atemlänge (Haböck 1927).

Für den in der Einleitung erwähnten Film „Farinelli" wurde die Kastratenstimme elektronisch aus der Klangfarbe der Sopranistin Ewa Mallas Godlewska und dem Countertenor Derek Lee Ragin rekonstruiert (Umbach 1995). Fraglich ist, inwiefern diese heutige Rekonstruktion der damaligen Realität entspricht.

Auch wenn wir heute kein adäquates Hörbeispiel mehr haben, kann ein Wettstreit zwischen dem berühmten Kastraten Farinelli (siehe 3.5.3.) und einem Trompeter als Beweis für die abnormale Lungenkraft und Stimmfähigkeit eines Kastraten angeführt werden. Diesen Wettstreit ließ sich der englische Musikwissenschaftler Charles Burney (siehe Einleitung) 1770 von Farinelli persönlich erzählen und berichtet davon in seinem Buch „A General History of Music Bd. 4":

„Beide ließen einen Ton anschwellen, dann zeigte jeder die Kraft seiner Lungen und suchte den anderen an Brillanz und Kraft zu überbieten; gemeinsam führten sie ein Crescendo und einen Triller in Terzen aus, der so lange gehalten wurde, daß beide erschöpft schienen. Der Trompeter hörte auf, glaubte er doch, sein Gegner wäre ebenso ermüdet wie er und der Kampf müßte unentschieden enden. Da zeigte Farinelli mit einem Lächeln, daß er sich nur über ihn lustig gemacht hatte; plötzlich begann er, noch immer in demselben Atemzug, mit neuer Kraft, entfaltete und schmückte die Note nicht nur mit Trillern, sondern führte die schnellsten und schwierigsten Divisionen aus, die erst durch die Beifallsstürme unterbrochen wurden" (Burney 2003 zit. nach Barbier 1995, 37).

Dieses Können Farinellis einen Ton zart zu beginnen und ihn allmählich anschwellen zu lassen, um ihn dann wieder sanft ausklingen zu lassen, wird als Messa di voce bezeichnet und stellte etwas ganz Besonderes dar. Diese Kunst beherrschten nur die Kastraten und sie ließ sogar Damen ohnmächtig werden (Ortkemper 2000). Gewiss ist, dass das durch die Kastration erzeugte Potential durch die Ausbildung an den italienischen Gesangsschulen (siehe 3.4.1.) verstärkt wurde (Gruber 1982; Haböck 1927; Ortkemper 1995; Ortkemper 2000).

Eine weitere Möglichkeit, herauszufinden, was das Besondere an der Kastratenstimme war, sind neben Hörbeispielen und Situationsberichten, Urteile von Zeitgenossen. Diese Urteile sind sehr gegensätzlich. Gegensätze gibt es natürlich immer, wenn es um Geschmacksfragen geht, vor allem, wenn das ästhetische Urteil möglicherweise an ethische Bedenken gegen die Kastration geknüpft war. Die Beschreibungen der Kastratenstimmen künden von höchster Klangfülle, Biegsamkeit, wundervollen Klangmodulationen, Helle, Reinheit und Pracht. Die

---

[46] Diese Betrachtungen der Singstimme lassen sich auf die Sprechstimme eines Kastraten, die ebenso infolge der Operation hoch war, übertragen.

leidenschaftlichsten Bewunderer finden kaum genügend überschwängliche Worte für die Lieblichkeit der Kastratenstimmen und den betörenden Reiz ihrer Töne (Haböck 1927; Fritz 1994). Und was die Bewunderer für Stimmen von Engeln und Göttern erklärten, war anderen ein widerliches Heulen und Krähen, befremdend, dünn, weichlich und ohne maskuline Sinnlichkeit (Haböck 1927; Fritz 1994; Umbach 1995). Wiederum andere konnten die Kastratenstimme noch nicht mal von den Stimmen der Frauen unterscheiden (Haböck 1927).

Die Unterschiedlichkeit dieser Aussagen lag nicht nur am Geschmack und Bewertung der Kastration, sondern auch an musischer Bildung und Nationalität (Haböck 1927). Die meisten Italiener gehörten zu den Verehrern der Kastraten, auch wenn sie die Operation verurteilten, wohingegen Franzosen eher schlecht auf den Kastratengesang zu sprechen waren (Ortkemper 1995). Obwohl man den Kastratengesang in Frankreich für etwas absonderliches hielt (Haböck 1927), äußert sich dieser Franzose durchaus positiv über die Lungenkraft eines Kastraten.

„Man muß schon an die Kastratenstimmen gewöhnt sein, um daran Geschmack zu finden. Sie sind in der Klangfarbe ebenso hell und durchdringend, wie die der Chorknaben und viel lauter. Mir scheint, daß sie noch eine Oktave höher singen als die gewöhnliche Frauenstimme. Es liegt, ganz wenige ausgenommen, etwas Sprödes und Herbes in ihrem Gesang, das von der weichen Lieblichkeit der Frauenstimme weit entfernt ist, aber ihre Stimme hat Glanz und Leichtigkeit, dabei Kraft und Umfang" (Brosses zit. nach Ortkemper 1995, 43).

Im Großen und Ganzen sprachen die meisten Zeitgenossen positiv von der Kastratenstimme (Haböck 1927; Ortkemper 1995; Barbier 1995). Da die Gesangskastraten viele Jahre lang auf der Bühne regierten, ist eine positive Grundhaltung der meisten Menschen der Kastratenstimme gegenüber in dieser Zeit anzunehmen.

3.6.2.2. Die organischen Besonderheiten der Kastratenstimme

Wenn ein Knabe vor der Geschlechtsreife kastriert wurde (siehe 3.3.1.2.), so blieb als Folge und Hauptziel der Operation die typische Mutation zur tieferen Männerstimme aus und er erhielt eine Stimme mit einem seltsamen[47] Klang (siehe 3.6.2.1.).

Um zu verstehen, was das Außergewöhnliche einer Kastratenstimme war, muss man erst mal wissen, wie die Stimme eines Menschen generell funktioniert und inwiefern sich der Stimmapparat eines Kastraten davon unterschied. Im Allgemeinen hängt die Höhe eines Tones von der Länge und der Spannung der Stimmbänder ab. Je kürzer die Stimmbänder sind, desto höher sind die Töne, die sie erzeugen. Die Stimmritze sitzt im Kehlkopf und verengt sich, wenn wir einen Ton erzeugen möchten zu einem schmalen Spalt. Hierbei spannen wir die Stimmbänder an. Der Atem wird durch die enge Ritze geführt, versetzt die Stimmbänder dabei in elastische Schwingungen und es entsteht ein Ton (Kaintoch 1996).

Die Besonderheit der Kastratenstimme mit dem hohen Klang und dem langen Atem (siehe 3.6.2.1.) war auf drei organische Faktoren zurückzuführen: Eine verkürzte Stimmritze und Stimmbänder, einen kleineren Kehlkopf und eine vergrößerte Lunge und Brustkorb als bei einem erwachsenen Mann (z.B. Fritz 1994). Die Ausdehnung des Brustkorbes und der Lunge war eine Folge des verlängerten Körperwachstum (siehe 3.6.3.1. bzw. 3.6.3.2.) und ermöglichte den Kastraten einen immens langen Atem (Haböck 1927; Ortkemper 1995; Ortkemper

---

[47] Seltsam bedeutet in diesem Zusammenhang, dass die Kastratenstimme gänzlich anders als die Stimme von Frauen, Männern und Kindern klang, die dieser Operation nicht unterzogen wurden.

2000; Barbier 1995). Zudem ähnelte der Aufbau des kompletten Stimmapparates in der Größe einer Frau bzw. Kindes und wies keine Alterungserscheinungen auf. So befand sich auch das Zungenbein in einem Zustand, *„wie man ihn nur bei ganz jungendlichen Personen anzutreffen gewohnt ist"* (Gruber 1847 zit. nach Fritz 1994, 71).

Der Aufbau und Zustand der Stimme, der für einen erwachsenen Mann ungewöhnlich war, war auf die nicht eingetretene Pubertät (siehe 3.3.1.1.) und die nur gering ausgeschütteten Sexualhormone zurückzuführen. Die Folge war der eigentümliche Stimmklang und die hohe Stimmlage[48] (Fritz 1994). Außerdem ermöglichte es die besondere Form der Stimme sehr schwierige Passagen mit Leichtigkeit zu bewältigen (Ortkemper 1995).

3.6.2.3. Stimme ohne Geschlecht oder eine Stimme mit zwei Geschlechtern?
(Ortkemper 1999)

Unter dieser Überschrift werden die Punkte 3.6.2.1. und 3.6.2.2. im Hinblick auf die Diskussion in 4. unter dem Aspekt der Geschlechtlichkeit eines Kastraten betrachtet.

Sezierte man den Stimmapparat eines Kastraten, so fand man nicht die typischen Stimmorgane vor, die man bei einem Mann erwarten würde (Gruber 1847). Denn die Stimmorgane eines Kastraten ähnelten anatomisch gesehen keineswegs den Stimmorganen eines Mannes, sondern denen einer Frau bzw. eines Kind. Erstaunlicherweise drang jedoch durch diesen kleinen Stimmapparat eine enorme Kraft, die über die eines nicht kastrierten Mannes noch weit hinaus reichte. Diese abnormale Kraft war die Folge einer vergrößerten Lunge und Brustkorb. Diese Organe wuchsen aufgrund der Kastration stärker als bei einem nicht operierten Mann. Außerdem war ihr Stimmapparat äußerst langlebig und alterte nicht. Die meisten Kastraten traten noch bis zu ihrem Tod auf, was bei Sängern damals wie heute unüblich war bzw. ist. Folglich konnte sich ein Kastrat lebenslang durch seine Stimme einen kindlichen Teil bewahren (Barbier 1998).

Doch nicht nur die Stimmorgane, sondern auch der Kastratengesang vereinte kindliche, weibliche und männliche Merkmale in einer Stimme.[49] Denn die Kastraten konnten nicht nur in Registerlage und Tonhöhe ohne jeglichen Bruch wie ein Kind und eine Frau in die Höhe singen, sondern hatten zusätzlich die Tiefe eines Bariton, also eines Mannes (Ortkemper 1999).

Das Opernhaus machte sich schließlich die kindlichen, weiblichen und männlichen Stimmmerkmale in der Stimme der Kastraten zu Nutze. Denn die meisten Gesangskastraten debütierten in jungen Jahren in Frauenrollen[50] (siehe 3.4.3.3.) (Barbier 1998), und wechselten erst Jahre später in das sogenannte männliche Heldenfach. Es wurde berichtet, dass sie die Frauenrollen nicht durch schauspielerisches Können (siehe 3.4.3.3.), sondern durch ihre weibliche elegante Ausstrahlung gepaart mit ihrer hohen Stimme, perfekt verkörperten. Der italienische Komponist Filippo Vitali (1590-1653) z.B. lobte in seinem Vorwort zu der Oper L'Aretusa den Kastraten Guidobaldo Bonetti in der Rolle der Flora:

„Flora stellte so wunderbar die edlen weiblichen Sitten einer Nymphe mit zarter und offener Stimme dem Publikum vor Augen, daß man glauben mochte, sie sei tatsächlich eine Jungfrau" (Vitali 1969 zit. nach Leopold 2000, 227/228).

---

[48] Viele Autoren unterscheiden sich in ihrer Aussage darüber, ob die Höhe der Stimme noch zusätzlich davon abhängt, wie früh vor der Geschlechtsreife der Knabe operiert wurde (siehe Habermann 1986; Fritz 1994).
[49] Kinder werden hier in Anlehnung an 2.2. als geschlechtslose Wesen gesehen.
[50] Man bezeichnete dies als „far da donna" – „die Frau machen" (Ortkemper 1995; Haböck1927).

So mancher Kastrat konnte aus diesem Grund einen späteren Wechsel ins männliche Heldenfach kaum bewerkstelligen (Ortkemper 2000; Haböck 1927; Fritz 1994).

Die barocken Heldenrollen, wie z.B. die Titelrolle des Kaisers, wurden in einer Oper im 17. und 18. Jahrhundert für hohe Stimmen geschrieben, dem Heldensopran (Haböck 1927). Dieser Stil war ein Charakteristikum der sogenannten opera seria[51] und ein Stil, der sich mit dem Aufblühen der opera buffa[52] veränderte. Ab der opera buffa war es zunehmend üblich, dass die klassischen Helden von einem Tenor gesungen wurden. Tenöre wurden in der opera seria selbst in Nebenrollen nicht gerne gesehen. Der Held war die Versinnbildlichung und der Inbegriff der Männlichkeit. Dieser Inbegriff von Männlichkeit wurde zu Zeiten der opera seria von hohen Stimmen, den Kastraten, und nicht wie heute üblich, von eher tiefen Stimmen verkörpert (Leopold 2000).

Es gab auch durchaus Kritik an den hohen Kastratenstimmen, wenn sie die Helden sangen. Diese Kritik wurde vor allem von Männern geäußert. Somit sah nicht jeder die hohe Stimme als Ideal eines Helden an (Gruber 1982).

Die meisten störten sich jedoch nicht daran, dass die Kastraten mit einer weiblichen Stimme und ohne Bart auftraten. Von der wenigen Kritik an den Kastraten in Heldenrollen abgesehen, war die hohe Stimmlage und somit die Stimme der Kastraten in Italien mit Heldentum, Jugend und Göttlichkeit verbunden (Schwarz 2000).

„Der Liebling der Götter, so will es das barocke Klangideal, soll überirdisch schön singen. Seine Stimme zeugt von einer anderen Welt. Sie ist himmelweit entfernt von der Erdenschwere eines Baritons oder gar eines Basses" (Schwarz 2000, 245). Diese Stimme war so berauschend, dass die Leute von den Rängen *„Eviva il coltello – es lebe das Messerchen"* (Schwarz 2000, 245) riefen.

Ein weiteres Merkmal der opera seria war, dass die Partien der Kastraten, wenn sie die männlichen Helden darstellten, oftmals in einer höheren Lage arrangiert wurden als die Partien der Primadonnen (siehe 3.4.3.3.) bzw. der anderen Frauen. Das bedeutet, dass der Mann höher als die Frau sang. Ein Stil, den man häufig im 18. Jahrhundert antraf und sich wiederum erst in der opera buffa veränderte (Ortkemper 2002).[53] Beispielsweise in Claudio Monteverdis „Krönung der Poppäa" (siehe 2.3.2.1.) wurde der Kaiser Nero von einem Sopran(-Kastraten) gesungen, wohingegen die Frauenstimmen von einem Alt bzw. Mezzosopran gesungen wurden.

Neben diesen Betrachtungen der Kastratenstimme auf der Bühne, darf man nicht vergessen, dass ebenso die Sprechstimme eines Kastraten infolge der Operation hoch war und sich sehr von einer gewöhnlichen männlichen Sprechstimme unterschied (Haböck 1927; Ortkemper 1995; Ortkemper 2000).

---

[51] Die opera seria (italienisch für ernste Oper) wurde im wesentlichen von den klassizistischen Vorstellungen der Textdichter Apostolo Zeno (1668-1750) und Pietro Metastasio (1698-1782) und mythologischen oder historischen Stoffen, Wechsel zwischen handlungstragenden Rezitativen und emotionalen Arien bestimmt (Brockhaus 1986).
[52] Die opera buffa (italienisch für komische Oper) ist die im 18. Jahrhundert aufblühende heitere Oper und Gegenstück zur opera seria. Höhepunkt der Zeit der opera buffa ist die Oper „le nozze die Figaro" („Die Hochzeit des Figaros") von Wolfgang Amadeus Mozart im Jahr 1786 (Brockhaus 1986).
[53] Man sieht dies als Wiederbelebung der Natürlichkeit an, wohingegen die opera seria als unnatürlich galt (Haböck 1927). Als Folge wandelte sich die Oper und die Kritik an den Kastraten nahm zu (Leopold 2000).

Zusammenfassend lässt sich sagen, dass der Aufbau und die Klangfarbe der Stimme eines Kastraten der eines Kindes bzw. einer Frau glich. Der Stimmapparat war bis ins hohe Alter jung wie der eines Kindes. Die Kraft mit der ein Kastrat sang, konnte wiederum nur ein Mann aufbringen. Die meisten Kastraten sangen die Partien von Frauen und seltener Männerpartien. Wenn sie jedoch den Wechsel in das männliche Fach schafften, so stellten sie nicht irgendeinen Männertyp dar, sondern ein Männlichkeitsideal.

3.6.3. Die körperlichen Folgen

3.6.3.1. Das Aussehen der Kastraten

Das Aussehen eines Kastraten war im Gegensatz zur hohen Stimme (siehe 3.6.2.) eine unbeabsichtigte Begleitfolge (Fritz 1994).

Es existieren viele Karikaturen und Zeitzeugenberichte aus dem 17. und 18. Jahrhundert über das Aussehen von Kastraten, die uns trotz mancher Übertreibung ein Bild über deren Körperbau liefern. Der Körperbau eines Kastraten war im Vergleich zu anderen, nicht kastrierten Männern ungewöhnlich. Der Körper eines Kastraten konnte sich nämlich durch die Operation auf zwei extreme Arten entwickeln: Zum einen gab es dürre Kastraten mit langen Armen, so z.B. der Kastrat Filippo Balatri (siehe 3.5.2.) (Wunnike 2001).

Abb. 7: Filippo Balatri
Federzeichnung von Antonio Zanetti

Zum anderen wurde von sehr dicken Kastraten mit zu kurzen Armen, wie z.B. der Kastrat Gaetano Baerenstadt (1690-unbekannt), berichtet (Ortkemper 2000). Baerenstadt wurde aus diesem Grund als singender Elefant bezeichnet.[54]

Gleichgültig, ob dick oder dünn, so war der Großteil der Kastraten äußerst groß und hatten bis auf die Kopf- keinerlei Körperbehaarung (Fritz 1994). Außerdem wurden viele Kastraten als schön und Zeit ihres Lebens als besonders jugendlich wirkend beschrieben. Gerade in jungen Jahren hatten die Kastraten, die später dick wurden, eine eher weibliche Statur. *„Nicht nur Caffarellis Brüste sind stark und fest geworden. Auf seinen Hüften hat sich etwas*

Abb. 8: Der Kastrat Gaetano Baerenstadt

---

[54] Vgl. Ortkemper 2000.

Fett angesetzt, gerade so viel, dass sich Rundungen ergeben, die jeder, der sie zu sehen bekommt, als entzückend bezeichnen muß" (Ortkemper 2000, 54).

Wie Caffarelli hatten wohl mehrere Kastraten eine Figur, die sogar von einer Frau kaum zu unterscheiden war. Denn auf Festen machten sich hin und wieder Adelige einen Scherz daraus, ein junges Mädchen und einen Kastraten nebeneinander zu legen, wobei markante Körperstellen teilweise abgedeckt waren. Die Gäste sollten dann in lockerer Runde und gegen Wetteinsätze herausfinden, wer Frau und wer Kastrat war (Wunnicke 2001; Ortkemper 1995).

3.6.3.2. Die wissenschaftlichen Erkenntnisse zu den körperlichen Folgen

Es existieren keine wissenschaftlichen Erkenntnisse über den Körperbau als Folge der Kastration aus Lebzeiten der Kastraten. Wie bereits in 3.6. erwähnt, lieferten uns die ersten wissenschaftlichen Untersuchungen Pelikan an russischen Skopzen, sowie Gruber (siehe 3.6.). Aus den gewonnen Daten bei Pelikan und Gruber lässt sich erkennen, dass das Skelett eines Kastraten bezüglich Becken- und Schulterbereich dem weiblichen Skelett ähnelte (z.B. Caffarelli; siehe 3.5.1.).

Außerdem bestätigte Pelikan, aufgrund seiner Beobachtung an den Skopzen, durch eine Einteilung der Kastraten in zwei Grundtypen die oben genannten Äußerungen der Zeitzeugen (siehe 3.6.3.1.). Zum einen gab es große, magere Personen mit bartlosem gealtertem Gesicht (z.B. Balatri; siehe 3.5.2.), zum anderen auffällig dicke, wie gedunsen aussehende Personen (z.B. Baerenstadt). Diese hatten nicht nur am Bauch, sondern gleichmäßig an Gesäß und Becken Fettansammlungen. Auch sie waren groß und langbeinig. Ihre Körpergröße ging über den Durchschnitt der Bevölkerung hinaus. Vor allem die oberen Extremitäten waren um ein Deutliches länger (Fritz 1994), was Gruber in seinen Untersuchungen bestätigte (Gruber 1847).

Dieses sonderbare Aussehen eines Kastraten ist erklärbar durch die operative Entfernung der Keimdrüsen (siehe 2.1.,1.; 3.3.2.). Dadurch entfiel der Wachstumsschub der Pubertät und es kam zu einer verzögerten Reifung der Knochen. Als Folge wuchs ein Kastrat länger, möglicherweise sogar bis ins 30. oder 40. Lebensjahr hinein. Dies führte dazu, dass Kastraten oft deutlich größer und deren Arme und Beine im Verhältnis zum Rumpf zu lang waren. Manche Kastraten, gerade diejenigen, die nach ihrer Kastration weibliche Fettdepots (Fettpolster an Taille, Hüfte, Po, Brust) entwickelten, wurden im Laufe ihres Lebens nach dem abgeschlossenen Wachstumsprozess extrem dick, andere blieben schlank. Dies mag auch auf eine gesündere Lebensführung zurückzuführen sein (Ortkemper 1995).

Man kann feststellen, dass sich die Beschreibungen der Kastraten durch Zeitzeugen sowohl mit den Bildern und Karikaturen der damaligen Zeit (siehe 3.6.3.1.), als auch mit den späteren wissenschaftlichen Untersuchungen (siehe 3.6.3.2.) decken. Somit lässt sich die eigentümliche Gestalt der Gesangskastraten, die hoch gewachsen und äußerst schlank bzw. sehr dick waren und oftmals in jungen Jahren weibliche Rundungen hatten, auf die Kastration im Kindesalter zurückführen.

3.6.3.3. Auf der Bühne eine Frau, auf der Straße ein Mann?

Unter dieser Überschrift werden die körperlichen Folgen der Kastration (siehe 3.6.3.1. und 3.6.3.2.) im Hinblick auf die Diskussion in 4. unter dem Aspekt der Geschlechtlichkeit eines Kastraten betrachtet.

Auch wenn die Kastraten aufgrund ihres markanten Körperbaus auf der Straße aufgefallen waren, traten sie in ihrem Privatleben in ihrem Verhalten und in ihrer Kleidung als Mann auf.[55]

Abb. 9: Farinelli in einer Frauenrolle

Während der Großteil der Kastraten auf der Straße als Mann zu identifizieren war, machte die Bühne die Kastraten, die weibliche Merkmale in ihrem Äußeren aufwiesen, zur perfekten Frau, indem sie noch die entsprechende Kleidung beisteuerte. So debütierten die meisten Kastraten mit hochgeschnürten Brüsten und grazilen Gang in Frauenrollen (siehe 3.4.3.3.) und illusionierten das Publikum durch das Spiel mit ihrer Geschlechteridentität. Die Menschen nahmen das wahre Geschlecht des Darstellers nicht mehr zur Kenntnis. Die Männer waren entzückt über die schlanke Taille der Kastraten, die schlanker war als die der Frauen und die Damen sahen durch die Maske einen begehrenswerten Mann (Schwarz 2000). Manche Kastraten wurden auf der Bühne schöner als Frauen beschrieben: *„Man hat vielleicht nie auf der Welt eine schönere Frau gesehen"* (Raguenet o.J. zit. nach Haböck 1927, 255).

Viele Theaterbesucher konnten nicht zwischen dieser Bühnenillusion und dem Kastraten als Persönlichkeit, geboren als Mann, unterscheiden. Sie sprachen die Kastraten auf der Straße wie selbstverständlich mit ihren weiblichen Bühnennamen an. Vor allem Caffarelli (siehe 3.5.1.) erlebte dies als sehr verletzend und versuchte Zeit seines Lebens seine weibliche Büh-nenidentität durch gegensätzliche Rollen zu korrigieren (Ortkemper 2000).[56]

Die Bühne konnte nicht nur den Wunschtraum Frau erschaffen, indem sie die vorhandenen weiblichen Merkmale eines Kastraten perfektionierte, sondern auch durch einen jugendlich aussehenden Kastraten mit dahin schmelzender Stimme den Wunschtraum Mann (Walter 2000).

Stellten die Kastraten auf der Bühne diese perfekte Frau dar, so unterschieden die Theaterbe-sucher nicht zwischen Bühnenidentität und persönlicher Identität eines Kastraten. Sie über-trugen das weibliche Geschlecht, das sie auf der Bühne wahrnahmen auf das Privatleben, auch wenn die Kastraten auf der Straße ohne Schminke und Korsett auftraten. Groteskerweise

---

[55] Es ließen sich keine Berichte darüber finden, dass ein Kastrat im Privatleben mit der Kleidung einer Frau aufgetreten war. Wobei man die jungen Kastraten, wie z.B. Caffarelli (siehe 3.5.1.), aufgrund der weiblichen äußeren Merkmale auch durchaus auf der Straße für eine Frau hielt. Die abnormale Körpergröße verdeutlichte zumindest beim weiteren Hinsehen, dass es keine Frau, sondern ein Kastrat war (Ortkemper 2000).

[56] Diese Lust am Rollentausch Frau - Mann vervollständigte sich noch mit der Einführung der Hosenrolle bei Frauen Ab dem 17. Jahrhundert war es zunehmend üblich, dass auch Frauen in die Rollen von Männern auf der Bühne schlüpften. Man sieht, wie gut den Italienern das Spiel mit den Geschlechtern gefiel. Sie lebten dies nicht nur auf der Bühne, sondern auch im Karneval aus und sahen nichts Anstößiges darin (Bourcillier 2008).

übertrugen die Zuschauer den perfekten Mann auf der Bühne nicht auf den Alltag. Der Held auf der Bühne blieb auf der Straße ein Kastrat (Ortkemper 2000).

3.6.4. Die sozialen Folgen

Auch wenn die wenigen berühmten Gesangskastraten auf der Bühne umjubelt wurden,[57] galten sie außerhalb des Theaters in der Gesellschaft als Außenseiter und nicht als gleichwertige Bürger (Haböck 1927). Schlechter erging es noch den Kastraten, deren Stimme nicht zu einem Bühnenengagement ausreichte bzw. infolge der Operation behindert waren (siehe 3.6.1.). Diese ernteten kaum positive Aufmerksamkeit (Schwarz 2000).

Unabhängig ob nun der Kastrat zum gefeierten Star (siehe 3.4.3.) oder zu den Bettlern gehörte, für alle gab es ein unerschöpfliches Repertoire von Schimpfworten und wenn diese ausgesprochen wurden, konnten die Kastraten die ganze Verachtung spüren, die vor allem Männer, die nicht operiert wurden, für sie hatten (Ortkemper 2000).

So schimpfte man sie z.B. „evirato" (Entmannter), „Castrone" (Schafskopf, man beachte die Ähnlichkeit zu dem Wort Kastrat), „Kapaun" (gemästeter Truthahn) oder „coglione" (Hoden/Dummkopf) (Ortkemper 2000).

3.6.4.1. Die gesellschaftliche Stellung unberühmter Kastraten

Der Erfolg der Gesangskastraten, die in der Jugend häufig in größter Armut gelebt hatten, sprach sich bald überall herum. Folglich gaben viele kinderreiche Familien in Italien ihre Söhne zur Kastration in der Hoffnung, sich und ihrem Kind damit eine bessere Zukunft zu sichern. Der Vater hatte nicht bedacht bzw. gewusst, welche schweren Folgen die Operation für sein Kind hatte. Er glaubte der Schnitt mit dem Messer reiche aus, um aus ihm einen berühmten Sänger zu machen. Viele verloren infolge der Operation die gute Stimme, die sie im Vorfeld hatten, manche hatten nie eine gute Stimme. Auf jeden Fall wurden die Wenigsten große Sänger. Sie waren aber ihr Leben lang stigmatisiert (Haböck 1927; Singh 1989).

So war es auch besonders schlimm, wenn ein Kastrat als Sänger erfolglos blieb. Manche erhielten eine Stelle in einem Kirchenchor (siehe 3.4.2.), manche gingen ins Kloster um zu überleben und manchen blieb keine andere Möglichkeit als auf der Straße zu betteln (Ortkemper 1995). Durch die Kastration wurde nicht nur die Sing- sondern auch die Sprechstimme (siehe 3.6.2.3.) beeinflusst, so dass den Bettler jeder Mensch auf der Straße sofort als Kastraten identifizieren konnte, sobald er nur den Mund aufmachte (Haböck 1927). Da den Menschen die Operation suspekt war, war ihnen auch das Produkt daraus suspekt. Sie tuschelten viel über die Kastration. Jeder wusste, dass etwas abgeschnitten wurde, aber niemand wusste genaues. Gerüchte machten den Umlauf. Aus Unwissenheit und Ängste erfanden die Leute Dinge und lachten die Kastratenbettler aus (Ortkemper 1995).

Alle wurden in Erwartung einer glanzvollen Karriere verstümmelt und ernteten als Folge bestenfalls Mitleid ihrer Mitmenschen. Sie galten für ihre Mitmenschen nicht als Menschen, geschweige denn als Männer (Schwarz 2000) .

---

[57] Nur einer von tausend wurde zum gefeierten Star (siehe 3.6.1.).

3.6.4.2. Die gesellschaftliche Stellung berühmter Kastraten

Die gesellschaftliche Stellung der berühmten[58] Gesangskastraten lag zwischen größter Bewunderung auf der Bühne und absoluter Missachtung im Privatleben. Auf der einen Seite wurden sie von anderen als Stimmwunder verehrt (siehe 3.6.2.1.) und man suchte im Glanz des Opernhauses ihre Gesellschaft, auf der anderen Seite sah man sie nie als gleichwertig an (Hafner 2002). Sie waren dadurch sowohl von der bürgerlichen als auch von der vornehmen Welt getrennt.

Die Adeligen umgaben sich gern auf Premierenfeiern und nach den Aufführungen mit den wundersamen Stimmen. Adelige Frauen schätzten die Kastraten sehr als Liebhaber (siehe 3.6.4.3.). Aber abgesehen davon, wollten die wenigsten mit den Kastraten in Verbindung gebracht werden. Die Bürgerlichen wiederum kamen erst gar nicht mit den Kastraten in Berührung. Man bedenke, dass die Gesangskastraten Traumgagen für ihre Auftritte erhielten. Selbstverständlich gab es auch Ausnahmen. Farinelli z.B. (siehe 3.5.3.) umgab sich nicht nur gerne mit Menschen jeglichen Standes, sondern wurde auch überall gern gesehen, obwohl er Kastrat war. Man bedenke, dass Farinelli am spanischen Königshof eine tragende Rolle spielte. Grund für seine Bedeutung am spanischen Königshof und im Leben anderer Leute, war nicht nur eine sympathische Art, sondern auch seine Stimme. Die Menschen verehrten seine Stimme so sehr, dass sie nicht zwischen seiner Bühnenidentität und persönlicher Identität unterschieden (Barbier 1995).

Aber abgesehen von wenigen Ausnahmen, sahen die Menschen in den schönen Stimmen Kastraten. Und diese Kastraten waren Marionetten, denen man sich bediente, wenn man sie brauchte (Haböck 1927). Kaum hatten die Menschen das Opernhaus verlassen, so ließen sie sich gleich über die Kastraten herab. Vor allem Caffarelli (siehe 3.5.1.) tat alles um diesem Gerede gerecht zu werden, gleichwohl es ihn durchaus schmerzte, hinter seinem Rücken Getuschel zu hören (Ortkemper 2000). *„Ihm wäre es manchmal lieber, Männer und Frauen sagten ihm ihre Verachtung offen ins Gesicht"* (Ortkemper 2000, 82).

Die Italiener verehrten die Kastraten auf der Bühne. Aber es gab durchaus Leute, die sich über ihre Singstimme lustig machten. So schrieb der französische Politiker und Wissenschaftler Charles de Brosses (1709-1777) im Jahr 1740:

„Begegnet man ihnen einmal in Gesellschaft und hört sie sprechen, so ist man ganz verblüfft, wie aus solchem Koloß ein helles Kinderstimmchen herausschallt. (...) Mir kommt allemal das Lachen, sehe ich einen dicken Kastraten sich wie einen Ballon aufblähen, um dann eine Viertelstunde lang, hinauf und hinunter, ohne Atem zu holen, zwanzig Koloraturen hintereinander vollführen zu hören" (Brosses 1922 zit. nach Ortkemper 1995, 266).

Wie de Brosses so waren auch die übrigen Landsleute nicht sonderlich gut auf Kastraten zu sprechen. Man hielt den Kastratengesang in Frankreich für etwas absonderliches (siehe 3.6.2.1.) (Ortkemper 1995).

Aber nicht nur die Franzosen zeigen ihre Abneigung bis hin zu Ekel gegen die Kastration, sondern auch Spanier. Der Schriftsteller Esteban Arteaga (1747-1799) z.B. bezeichnete die Kastraten in seinem Buch die „italiänische Oper" (erschienen 1783) als *„Mißgeburten der Menschheit"* (Ortkemper 1995, 305). Allerdings seien diese Wesen, die weder Mann noch

---

[58] Berühmt ist hier im Zusammenhang mit einem Bühnenengagement zu sehen.

Frau sind auf aller Mitleid angewiesen, da sie ihre Verstümmelung nicht selbst verschuldet haben.[59]

Die meisten Italiener verehrten die Kastraten im Opernhaus (siehe 3.6.2.1.). Trotzdem wurde ihnen in Italien und anderen europäischen Ländern Neid, Hang zur Intrige, Disziplinlosigkeit, Eitelkeit, Habgier und Unmoral vorgeworfen. Der Vorwurf des Neides und der Intrige war auf das Verhalten der Kastraten auf der Bühne (siehe 3.4.3.3.) zurückzuführen. Die Disziplinlosigkeit sahen die Menschen in der Neigung der Kastraten extrem dick (siehe 3.6.3.1.) zu werden. Eitelkeit und Habgier ging auf die Forderung der Kastraten nach mehr Arien, in denen sie ihre Stimme zur Schau stellen konnten (siehe 3.4.3.3.) und den hohen Verdienst (siehe 3.4.3.) zurück. Und der Vorwurf der Unmoral fruchtet in dem Hang mancher Kastraten zu unzähligen Affären (3.6.3.3.).[60] Außerdem existieren neben diesen vorgeworfenen Charaktereigenschaften Berichte über Verhaltensexzesse der Kastraten und man kann davon ausgehen, dass sich manche Kastraten durchaus übertrieben zur Schau stellten (Fritz 1994). Es ist jedoch nachvollziehbar, dass viele ihren körperlichen Mangel mit exzessiven Verhalten ausgeglichen haben (Gruber 1982) und ihr vorgetäuschtes Selbstbewusstsein ist wohl eher als Reaktion auf die Verachtung der Umwelt anzusehen (Haböck 1927). Der finanzielle Überfluss mag sie kaum über ihre Einsamkeit hinweg getröstet haben.

Gerade Mitte des 18. Jahrhunderts nahm die euphorische Verehrung der Kastraten im Theater deutlich ab und allgemeine Ablehnung machte sich breit. Dies mag auch auf den sich verändernden Musikgeschmack durch Aufkommen der opera buffa (siehe 3.6.2.3.) und den Wandel des Männerbildes bei Hofe zurück zu führen sein (siehe 2.2.). Die Glanzzeit der Gesangskastraten ging zu Ende (Haböck 1927).

3.6.4.3. Zweisamkeit oder Einsamkeit?

Bei diesem Punkt geht es darum, ob die Kastration Kastraten zu Einzelgängern machte, oder sie Beziehungen zu Lebenspartnern bzw. Freunden eingingen bzw. eingehen konnten.

Die Art und Weise Beziehungen zu einem Lebens- bzw. Sexualpartner zu gestalten war für viele Kastraten von ihrem religiösen Glauben abhängig. Ein altes Dogma der Kirche sprach nämlich, dass Ehe und Sexualität lediglich der Weiterführung des Menschengeschlechts dienen. Bekanntlich war ein Kastrat nicht zur Fortpflanzung fähig und somit war ihm eine Heirat nach diesem kirchlichen Lehrsatz verwehrt. Außerdem lebten in dieser Zeit viele Menschen nach den Lehrsätzen der Kirche , wodurch die Heirat eines Kastraten zusätzlich durch die Gesellschaft sanktioniert wurde. Des Weiteren erklärte Papst Sixtus V. 1586 (1521-1590, Papst ab 1585) bereits den Geschlechtsakt zwischen einem Kastraten und einer Frau für unkeusch (Ortkemper 1995). Ein Kastrat durfte noch nicht einmal mit einer Frau zusammen leben. Geduldet wurde sie als Geliebte, aber auch nur wenn sie ihre eigene Wohnung hatte (Ortkemper 1995). Es galt sogar als Schande für einen Kastraten, sich zu verlieben (Wunnicke 2001).

Ihre Beziehungsbedürftigkeit und die Sehnsucht nach Zweisamkeit befriedigten die Kastraten auf unterschiedliche Art und Weise. Dies war u.a. auch von der Art der Kastration und den anschließenden Einschränkungen abhängig. Einige Kastraten hatten durchaus eine normale männliche Sexualität und scherten sich recht wenig um diese religiösen Moralvorstellungen

---

[59] Vgl. Ortkemper 1995.
[60] Diese Charaktereigenschaften sind nach Gruber aufgrund mangelnder zeitgenössischer Berichte und Vergleiche mit den Skopzen (siehe 3.6.) vage. Siehe Gruber 1982.

(Barbier 1998). So war es z.B. bei Caffarelli (siehe 3.5.1.). Seine Unfähigkeit freundschaftliche Beziehungen zu pflegen, kompensierte er zunächst mit zahlreichen sexuellen Affären und baute sich schließlich im Alter einen großen Landsitz, in dem er zum Ende seines Lebens seine Einsamkeit betrauerte. Vor allem lamentierte er nach der Zeit seines großen Triumphes auf der Bühne über das Fehlen von eigenen Kindern und Enkeln (Ortkemper 2000). Eine Folge der Zeugungsunfähigkeit für einen Kastraten war nicht nur die Verwehrung der Heirat durch die Kirche sondern brachte sie ihm logischerweise auch Kinderlosigkeit.

Aus diesen Gründen adoptierten manche Kastraten Kinder und hatten folglich nicht nur jemanden um sich, sondern auch jemanden, dem sie ihr oftmals beträchtliches Vermögen hinterlassen konnten (Gruber 1982). Diesen Weg schlug z.B. Farinelli (siehe 3.5.3.) ein (Barbier 1995). Auch wenn sich Farinelli Zeit seines Lebens an die kirchlichen Vorstellungen hielt und keine sexuellen Abenteuer einging, so äußerte er doch in einem Brief gewisse Sehnsüchte, die ihm nicht gewährt seien: *„Der König, die Königin, der Kronprinz und die Prinzessin begleiten die beiden liebenswürdigen Herzen (den spanischen Infanten und seine junge Gattin) bis zu ihrem Bett. So ins Bett gebracht, taten sie im Dunkeln das, was alle in der ersten Nacht tun; nur der, der Ihnen schreibt, kennt solch ähnlich dunkle und angenehme Nächte nicht"* (Farinelli 1739 zit. nach Barbier 1998, 147).

Zahlreiche freundschaftliche Beziehungen und das Adoptieren von Kindern trösteten ihn über diese Sehnsüchte hinweg (Barbier 1998).

Im Gegensatz dazu nahm der Kastrat Fillipo Balatri (siehe 3.5.2.) die Lehrsätze der Kirche ziemlich genau und sträubte sich mit Leibeskräften gegen das Gefühl von verliebt sein. *„Er weiß, dass sich das nicht schickt. Er weiß, dass die Liebe eines Kastraten statt zum Traualtar direkt in die Hölle führt"* (Wunnicke 2001, 61). So log er Anna Mons an, die sich fragte warum er nie um ihre Hand angehalten habe, dass er sie nicht heiraten könne, da sie zusammen ein Leben in Armut führen müssten (Wunnicke 2001).

Äußerst anstößig muss für die Kirche schließlich die Heirat zwischen dem Kastraten Bartholomeo de Sorlisi (1632-1672) und Dorothea Lichtwer in Sachsen gewesen sein. Die beiden Eheleute wurden nach der Eheschließung nicht nur von dem Stiefvater der Braut, der das Ziel verfolgte, die beiden wieder zu trennen, sondern auch von zahlreichen Moralisten, Theologen und Gelehrten angegriffen und regelrecht zermürbt bis sie schließlich gelobten wie Bruder und Schwester ohne Geschlechtsverkehr miteinander zu leben. Trotz allem gingen die Angriffe weiter und endeten erst aufgrund des frühen Todes von Sorlisi mit vierzig Jahren (Haböck 1927). Im katholischen Italien wäre eine Kastratenheirat natürlich noch unvorstellbarer gewesen als im protestantischen Sachsen (Ortkemper 1995).

Groteskerweise hielt sich in der besseren Gesellschaft bis auf manchen Kastraten niemand an diese oben genannten Verbote. So hatte eine Frau von Stand gewöhnlich einen offiziellen Begleiter, welche die Ehe ergänzten (Ortkemper 1995). Die Damen schätzten die Kastraten sehr als Liebhaber, da es keine Schwangerschaftsfolgen der Affäre zu befürchten gab. Sie lobten gerade die am wenigsten männlichsten Eigenschaften (z.B. Zärtlichkeit, bartloses Kinn) an den Kastraten (Barbier 1998). So manche Dame schämte sich auch nicht, offen ihre Liebschaft mit einem Kastraten zuzugeben. Selbst der Ehemann gab sich häufig mit der Affäre ab. Es kam aber auch vor, dass der eifersüchtige Ehemann mit Morddrohungen seinen Nebenbuhler zum Ende der Affäre mit seiner Frau zwang (Ortkemper 2000). Genügte einem Kastraten die Rolle des Liebhabers, so hatte er in der Regel nicht viel zu fürchten. Problematisch wurde es nur, wenn er begann wahre Gefühle zu entwickeln bzw. wieder geliebt wurde (Ortkemper 1995).

In der adeligen Gesellschaft gab es auch Männer, die den Kastraten wegen ihrer weiblichen Reize (siehe 3.6.3.1.) den Hof machten und ihre Ehe durch einen Kastratenliebhaber ergänzen ließen (Ortkemper 2000).

Das Eingehen von freundschaftlichen Beziehungen von Kastraten zu anderen war sehr von der individuellen Persönlichkeit des Kastraten abhängig. Farinelli (siehe 3.5.3.) z.B. pflegte, wie oben erwähnt, viele positive Kontakte zu seinen Mitmenschen, wohingegen Caffarelli (siehe 3.5.1.) kaum richtige Freundschaften einging. Diese Freundschaften waren meistens Beziehungen zu anderen Bühnekollegen/Innen. Da, wie in 3.6.4.2. erwähnt, die Kastraten von der bürgerlichen wie auch adeligen Welt getrennt waren, war es für sie nicht einfach Beziehungen zu Mitmenschen einzugehen. Farinelli (siehe 3.5.3.) hatte zu beiden Schichten durchaus gute Kontakte (Barbier 1995). Man denke daran, dass Farinelli auch eine wichtige Rolle am spanischen Königshof inne hatte (siehe 3.5.3.)

Neben der Beziehung zu einem Sexual- bzw. Lebenspartner, Kindern und zu anderen Mitmenschen, ist noch die Beziehung eines Kastraten zu seinem Vater, der meistens die Kastration veranlasst hat, zu betrachten. Auch hier gibt es große individuelle Unterschiede. Farinelli pflegte Zeit seines Lebens einen guten Kontakt zu seinem Vater und trug ihm die Kastration nie nach. Er war ihm vielmehr sogar dankbar dafür (Barbier 1995).[61] Einen Beleg für ein schlechtes Verhältnis zu seinem Vater liefert uns folgende Begebenheit des Kastraten Domenico Mustafa (1829-1912), Sopranist der Sixtinischen Kapelle: Er saß mit seinen Freunden beim Essen, als jm. Witze über seine Unversehrtheit machte, woraufhin Mustafa das Messer nahm und sagte: *„Erführe ich in diesem Augenblick, daß es mein Vater war, der mich so verstümmelt hat, würde ich ihn unverzüglich mit diesem Messer töten"* (zit. nach Barbier 1998, 148).[62]

Es lassen sich keine weiteren Berichte zur Beziehung zwischen einem Kastraten und seinem Vater anführen. Vermutlich war die Beziehung zum Vater auch stark von den Folgen abhängig. Ein Kastrat, der sein Leben in Armut fristete (siehe 3.6.4.1.) nahm die Kastration dem Vater als Verursacher sicherlich übler, als ein Kastrat, der ein Bühnenengagement (siehe 3.4.3.) verbunden mit Ruhm auf der Bühne und Reichtum hatte.

3.6.5. Die Folgen für die männliche Identität[63]

Da bei den Kastraten bereits im frühen Kindesalter eine schwere Operation (siehe 3.3.2.) vorgenommen wurde, die im Zusammenhang mit ihrem Geschlecht stand, zwingt sich einem quasi die Frage auf, welche Folgen diese Operation auf die Identität (als Mann) (siehe 2.1.) hatte. Leider existieren kaum persönliche Angaben der Kastraten zu ihrem Seelenempfinden, so dass zu diesem Punkt über Äußerungen von Kastraten nur spekuliert bzw. auf Aussagen Dritter zurückgegriffen werden kann. Wobei natürlich auch die Aussagen anderer kein Indiz für das Männlichkeitsempfinden eines Kastraten sind, sondern lediglich karge Anhaltspunkte. Selbst Balatri (siehe 3.5.2.) äußert sich in seinen Seiten langen Memoiren (siehe Einleitung) spärlich zu dieser Frage und gibt mit seinen Aussagen zusätzlichen Anlass zum spekulieren.

---

[61] Bei der Kastration Farinellis lassen sich ökonomische Motive (siehe 3.3.2.) des Vaters ausschließen. Die Familie lebte im oberen Mittelstand (Barbier 1995).
[62] Barbier nennt keine Primärquelle.
[63] Männliche Identität bedeutet in diesem Zusammenhang gemäß der Definition die Übereinstimmung der Kastraten mit ihrem biologischen Geschlecht (Brockhaus 1986).

3.6.5.1. Aus der Sicht der Kastraten

So wurde Balatri (siehe 3.5.2.) bei seinem Ausflug an die Wolga vom Khan der Tartaren gefragt, *„ob er ein Männlein oder ein Weiblein sei"* (Wunnicke 2001, 86). Er schrieb darüber in seinen Memoiren: *„Ich bin um eine Antwort recht verlegen. Sag ich ein Mann? Die Lüge ist banal. Sag ich ein Weib? Das sag ich nicht, von wegen! Und ich erröte, sage ich neutral"* (Wunnicke 2001, 86).

Mutig gab Balatri dem Khan eine ehrliche Antwort. Und erklärte ihm weiter, *„der weibliche Sopran stehe dem männlichen in nichts nach und habe zudem den Vorteil, dass man der Dame dafür nicht einmal eine Fingerspitze weg operieren müsse"* (Wunnicke 2001, 87). Ein paar Zeilen später zeigt sich wiederum, dass Filippo keine hohe Meinung von sich als Neutrum hatte. Der Khan bot dem Bruder des Zaren Boris Golizyn sechs Pferde zum Kauf für Balatri an. Dieser muss diesen Kauf schweren Herzens ablehnen (er ist ein großer Pferde Narr), da er nicht über den Kastraten verfügen dürfe. Balatri schreibt später in seinem Reisetagebuch über diese Begebenheit: *„Und ich fragte mich, ob der Khan nicht gemerkt hat, was das für ein ungerechter Handel gewesen wäre, sechs Pferde gegen einen einzigen mageren Kapaun"* (Wunnicke 2001, 88/89).

Des Weiteren zeigt folgende Situation, dass sich Balatri für seinen unvollständigen Körper geschämt hat. Um seine weiße glatte Haut nach dem Ausflug an die Wolga wieder herzustellen, verordnete ihm die Zarin ein Dampfbad. Für ihn war das die reinste Hölle, da er nicht nackt sein wollte. Er windet sich so lange, bis sie ihn endlich ziehen ließen. Und nachdem sich Balatri klagend in seinem Bett verkrochen hatte, zwingen sie ihn endgültig nicht mehr zu diesem Bad (Wunnicke 2001). *„Zwei Nackte nehmen mich in ihre Mitte, auch ich, so sagt man, solle mich entkleiden. Ich will nicht! Meiner Jungfernscham und –sitte, der widerstrebt das. Nein, ich kann's nicht leiden! Sie können tun und sagen, was sie wollen, entblößt will ich vor niemand niemals stehen, und alles, was sie von mir kriegen sollen, ist, dass sie mich in meinem Hemde sehen"* (Wunnicke 2001, 96/97).

Spielerisch überschritt Balatri eine Geschlechtergrenze: Als die Fürstin einmal ausgegangen war, verkleidete sich Balatri als junges Mädchen und geriet dadurch beinahe in eine geschlechtliche Identitätskrise (Koldau 2008): *„Filippo blickt in den Spiegel und staunt. Die Verkleidung steht ihm ausgesprochen gut. Filippo ist ein hübsches Mädchen, eine interessante Feststellung, er weiß nicht genau, ob er sich darüber freuen soll. Eine Schrecksekunde, dann gewinnt die Alberei wieder die Oberhand"* (Wunnicke 2001, 99).

Diese Äußerungen Balatris sieht die Autorin Linda Maria Koldau als Indiz für ein niedriges Männlichkeitsempfinden bei Balatri (Koldau 2008).

Die zahlreichen Affären wiederum, die der Kastrat Caffarelli (siehe 3.5.1.) Zeit seines Lebens einging, lassen eigentlich meinen, dass sich dieser als besonders männlich empfand. Man kann jedoch aufgrund seiner Charakterzüge gepaart mit den zahlreichen Verhaltenseskapaden und seinem schwachen Selbstbewusstsein eher davon ausgehen, dass Caffarelli ein niedriges Gefühl für seine Männlichkeit mit einer übertriebenen Sexualität kompensierte. Auch der Bau eines großen Landsitzes Caffarellis mag diese Schlüsse auf sein Männlichkeitsempfinden zulassen (Ortkemper 1995; Haböck 1927).

Möchte man Rückschlüsse auf ein negatives Männlichkeitsempfinden des Kastraten Mustafas (siehe 3.6.4.3.) ziehen, so kann man sich lediglich auf das Wort *„verstümmelt"* in seiner Aussage stützen. Ob dieses Wörtchen dazu ausreicht, Mustafa zu unterstellen, dass er sich nicht richtig als Mann fühlte, ist allerdings gewagt. Zumindest schien er nicht rundum glücklich damit ein Kastrat zu sein.

Diese Kastraten mögen kein hohes Bild von ihrer Männlichkeit besessen haben. Und fehlende Äußerungen von Kastraten zu diesem Thema bedeutet nicht zwangsläufig, dass sich die Kastraten trotz dieser Operation rundum als Mann gefühlt haben. Zu bedenken gilt es auf jeden Fall, dass sie auf der anderen Seite auf der Bühne ein Männlichkeitsideal darstellten. Denn nur durch sie war es möglich einen Mann zu zeigen, der Liebhaber und Kriegsherr war und der zu seiner Angebetene die gleiche zärtliche Beziehung zuließ. Dieses Männlichkeitsideal blieb jedoch in den Mauern des Opernhauses und wurde weder von den Zuschauern (siehe 3.6.3.3.) noch von den Kastraten auf den Alltag bezogen. (Leopold 2000).

3.6.5.2. Aus der Sicht anderer

Kein Zweifel an der Männlichkeit von Kastraten bestand zumindest offiziell bei der katholischen Kirche. Da Frauen vom Gesang ausgeschlossen waren (siehe 3.2.1.), mussten die Kastraten in ihrer Eigenschaft als Männer auftreten und durften keine weibliche Seite wie in der Oper zum Vorschein bringen. In der katholischen Kirche wurde das weibliche Vokabular lediglich zur Bezeichnung der Stimmlage Alt bzw. Sopran verwendet. Die Folge des Kaschierens der Weiblichkeit der Gesangskastraten war, dass sie heute auf Fotos des Chors der Sixtinischen Kapelle nicht von den Männerstimmen zu unterscheiden sind. Auch wenn die Kastraten den anderen nicht kastrierten Männern im Tenor und Bass vom Äußeren glichen, heißt dies noch lange nicht, dass sie sich innerlich wie diese gefühlt haben (Barbier 1998).

Zumindest mag es einem Kastrat nicht unangenehm gewesen sein, wenn er auf Gemälden der Sixtinischen Kapelle nicht sofort als Kastrat identifizierbar war. Weniger gefreut haben mag ihn jedoch, die Widmung von Gioacchino Rossini (1792-1868), der in seiner Messe „Petite Messe Solenelle" (1864) tatsächlich von drei Geschlechtern sprach: Männern, Frauen und Kastraten (Barbier 1998).

Ebenso zeigte die verbale Unterteilung von intakten und nicht intakten Schülern während der Ausbildung am Konservatorium, dass man die Kastraten einem dritten (nicht intakten) Geschlecht zuordnete (siehe 3.4.1.).

Und letztendlich mag einen Kastraten auch das Ignorieren ihrer persönlichen Identität durch die Theaterbesucher geschmerzt haben (siehe 3.6.3.3.). Zumindest wissen wir dies exemplarisch von Caffarelli (3.5.1.), der sich darüber ärgerte, wenn ihn die Zuschauer auf der Straße mit seinen weiblichen Rollennamen ansprachen (siehe 3.6.3.3.).

Diese Aussagen und Situationsberichte von Kastraten und anderer geben uns zwar keinen konkreten Hinweis darauf, dass die Kastraten gänzlich mit negativen Folgen der Kastration auf ihre Identität als Mann zu kämpfen hatten. Jedoch sind sie ein gewisses Indiz dafür. Man kann nicht davon ausgehen, dass ihre Identität als Mann durch die Kastration positiv beeinflusst wurde (Ortkemper 1995; Haböck 1927; Barbier 1998; Fritz 1994).

4. Diskussion

4.1. Wurde durch die Kastration die Männlichkeit der Gesangskastraten verändert?

In der abschließenden Diskussion steht zunächst einmal die Frage, ob durch die Kastration die Männlichkeit der Kastraten verändert wurde. Das beinhaltet, dass vor der Kastration bereits eine Männlichkeit existiert haben muss, denn um etwas zu verändern, muss es vorher bestanden haben. Da die Kastration zu einem frühen Zeitpunkt - vor Eintreten der Pubertät - im Leben der Buben stattfinden musste (siehe 3.3.1.2.), ist fraglich ob die Knaben zu diesem Zeitpunkt eine Männlichkeit hatten bzw. männliche Kinder und Heranwachsende bereits eine Männlichkeit haben. Man kann diese Frage aus unterschiedlichen Blickwinkeln beäugen. Zunächst wendet sich die Autorin der biologischen Definition (siehe 2.1.) zu.

Laut 2.1. bedeutet Männlichkeit die Eigenschaften, die dem Mann kulturell zugeschrieben werden. Ein Mann wiederum ist ein erwachsener Mensch männlichen Geschlechts. Ein Kind erhält durch die Geburt ein biologisches Geschlecht, das durch verschiedene Faktoren wie Erfahrung, Beziehungen und eigener Entscheidung zu einem sozialen Geschlecht heranreift, wobei sich die Ausprägung in einem stetigen Wandlungsprozess befinden kann und muss. Ein Kind, männlich geboren, wird im Erwachsenenalter zu einem Mann (siehe 2.2.). Hier liegt die Antwort bereits in der Definition. Ein Mann ist ein Erwachsener und besitzt eine Männlichkeit. Von Heranwachsenden und Kindern ist in der Definition keine Rede (siehe 2.1.).

Des Weiteren bietet uns das Geschlechterverständnis im 17. und 18. Jahrhundert (siehe 2.2.) einen Anknüpfungspunkt. Im 17. und 18. Jahrhundert kam es allmählich zu einer Entwicklung von Kindheit. Ab diesem Zeitpunkt sah man Kinder nicht mehr als kleine Erwachsene, sondern als andersartige Individuen mit eigenen andersartigen Bedürfnissen an. Als Folge der Entwicklung einer Kindheit, kam es zu einer Differenzierung zwischen Mädchen und Jungen, die bis dahin als eingeschlechtliche Wesen bzw. Neutra galten. Diese Mädchen und Jungen mussten erst, indem sie sich die Fähigkeiten der Erwachsenenwelt, wie Lesen und verantwortungsvolles Handeln, aneigneten, zu Frauen bzw. Männern heranreifen. Diese Eigenschaften stehen Mädchen und Jungen noch nicht offen. Sie müssen sie erst erwerben bzw. erlernen (siehe 2.2.). Aus diesem Grund kann man, ausgehend von dem Gesellschaftsbild des 17. und 18. Jahrhunderts, nicht sagen, dass Knaben, bevor sie diese kulturellen Eigenschaften erworben haben, vor ihrer Kastration bereits eine Männlichkeit besessen haben.

Die Arbeitsdefinition, genannt „Die Allegorie–Typen", der Autorin (siehe Einleitung; 2.3.) kann nicht als Diskussionsgrundlage für diese Frage hergenommen werden. Sie bezieht Kinder und Heranwachsende nicht mitein (siehe 2.3.). Diese befinden sich schließlich noch in einem Entwicklungsstadium und können sich aufgrund mangelnder Lebenserfahrung noch nicht für eine Männlichkeit entscheiden (siehe 2.5.). Des Weiteren fragen „Die Allegorie–Typen" den Status der Männlichkeit ab. Kinder verhalten sich noch nicht absichtlich so, dass sie einen bestimmte Männlichkeit verkörpern (siehe Einleitung; 2.5.). Daher ist bei ihnen ein Status der Männlichkeit nicht zu ermitteln. Laut der Prüfung der „Allegorie–Typen" durch einen Dritten (siehe 2.3.3.), könnten Kinder allenfalls zum ersten Prototyp „Der Feige" (siehe 2.3.1.1.) gehören, wobei sie diesen dann nicht bewusst verkörpern und ihre Entwicklung offen ist (siehe 2.3.3.).

Auch wenn es seit der offiziellen Abschaffung der Kastraten in der päpstlichen Kapelle (siehe 3.2.1.; 3.4.2.) keine Gesangskastraten mehr gibt, ist trotzdem zu diskutieren, ob Buben nach den heutigen definitorischen Maßstäben eine Männlichkeit besitzen. Da es bis heute keine eindeutige Definition von Mann und Männlichkeit gibt (siehe 2.), ist auch nicht geklärt ob Knaben vor Eintritt in die Erwachsenenwelt eine Männlichkeit haben. Die einzige Festlegung von Mann und Männlichkeit erfolgt über eine biologische Definition (siehe 2.1.; siehe oben). Zwar entwickelte die Soziologin Connell eine Definition von Männlichkeit und Mann auf Basis der heutigen gesellschaftlichen Verhältnisse (siehe 2.4.), aber auch diese bezieht keine Kinder und Heranwachsende in die Studie mit ein. Die Befragungen richteten sich lediglich an Erwachsene.

Gehen wir weg von Definitionen, Begrifflichkeiten und Denkweisen aus dem 17. und 18. Jahrhundert und wenden uns dem Inhaltlichen und somit nicht nach der Frage der Existenz einer Männlichkeit, sondern der Veränderung zu. Denn wie der Begriff Männlichkeit für welche Zielgruppe definiert sein mag, so geht es doch lediglich darum, ob Kastraten mit einem eindeutigen Geschlecht (männlich–weiblich) geboren wurden, das sich infolge der Kastration veränderte.

Zunächst wendet sich die Autorin einer biologischen Betrachtungsweise dieser Frage zu. Die Kastraten wurden alle mit dem männlichen Geschlecht geboren. Dies zeigt sich daran, dass ihnen Merkmale eines Jungen entfernt wurden (siehe 2.1; 3.3.2.). Jungen wachsen normalerweise zu Männern heran (siehe oben). Da ihnen durch die Kastration ein Teil der primären Geschlechtsmerkmale (siehe 2.1.1.; 3.3.1.1.) genommen wurde, stellt sich die Frage, ob sich dadurch ihr angeborenes Geschlecht verändert hat. An den primären Geschlechtsmerkmalen kann man jemanden als Frau bzw. Mann identifizieren. Kastraten hatten zwar in der Regel noch einen Penis (primäres Geschlechtsmerkmal), aber keine Hoden, die ein Zeichen der Potenz darstellten/darstellen und bei Kastraten nach der Operation verkümmerten (siehe 3.3.2.). Durch den Eingriff und die teilweise Entfernung der primären Geschlechtsmerkmale kam es zu einer veränderten Ausbildung der sekundären Geschlechtsmerkmale (siehe 2.1.,2.; 3.3.1.1.; 3.3.1.2.). Denn es bildeten sich nicht nur keine sekundären männlichen Geschlechtsmerkmale, sondern es traten infolge der Operation weibliche sekundäre Geschlechtsmerkmale auf (siehe 3.6.2.1.; 3.6.2.3.). Man kann sagen, dass sich ein Kastrat nach der Operation, in jungen Jahren, teilweise zu einer Frau veränderte (siehe 3.6.2.3.; 3.6.3.3.). Er glich einer Frau bisweilen so sehr, dass er von ihr nicht zu unterscheiden war (siehe 3.6.3.3.). Auch das Fehlen von Körperbehaarung (siehe 3.6.3.1.) unterstützte das weibliche Aussehen. Des Weiteren wurde der Körperbau, gerade eines älteren Kastraten, der sich Zeit seines Lebens immer wieder veränderte, als abnormal beschrieben. Er ähnelte in keiner Weise einem nicht kastrierten Mann (siehe 3.6.3.1.; 3.6.3.2.). Außerdem waren die Kastraten in der Regel viel größer als Frauen, aber auch größer als Männer (siehe 3.6.3.1.; 3.6.3.2.), was bedeutet, dass sie sich zu einem Wesen anderer Art entwickelten, das weder mit einer Frau noch mit einem Mann vergleichbar war. Auch ihr Stimmapparat nahm infolge der Kastration weibliche und kindliche[64] Dimensionen (siehe 3.6.2.3.) an. Die Lunge und der Brustkorb dagegen waren noch größer als bei einem nicht kastrierten Mann (siehe 3.6.2.2.).

Die soziale Seite ist eine weitere Betrachtungsweise einer möglichen Veränderung von Männlichkeit. Der Ausgangspunkt ist, dass es sich bei den Kastraten um Kinder männlichen Geschlechts (siehe 2.1.) handelte, die zu Männern heranwachsen. Sie wurden jedoch von den meisten Mitmenschen nicht als Menschen mit männlichem Geschlecht wahrgenommen. Hier gab es einen deutlichen Unterschied zwischen berühmten (siehe 3.6.4.1.) und nicht berühmten (siehe 3.6.4.2.) Kastraten. Ein Kastrat, der es in seinem Leben aufgrund fehlenden Talentes noch nicht einmal zu einer Anstellung in einem kleinen Kirchenchor (siehe 3.4.2.) geschafft

---

[64] Kindlich bedeutet in diesem Zusammenhang geschlechtslos.

hatte und als Bettler auf der Straße landete, wurde von seinen Mitmenschen nicht als Mann angesehen (siehe 3.6.4.1.). Ein Gesangskastrat, der ein Engagement an der Oper hatte, verbunden mit hoher Gage und Ruhm, konnte zumindest auf der Bühne in der Rolle des Helden (siehe 3.6.2.3.; 3.6.3.3.) ein Bild von absoluter Männlichkeit vermitteln. Frauen wie auch Männer verehrten den idealen Mann auf der Bühne und ignorierten, dass dieser von einem Kastraten verkörpert wurde (siehe 3.6.4.2.). Als Folge verflog auch diese Verehrung, sobald sie das Opernhaus verlassen hatten. Dieselben, welche die Kastraten während einer Vorstellung wegen ihrer Männlichkeit auf der Bühne vergötterten, ließen sich auf der Straße wegen ihrer fehlenden Männlichkeit über sie herab. Zu Bedenken gilt es jedoch, dass nur die wenigsten Gesangskastraten den Wechsel von den weiblichen Rollen zum männlichen Heldensopran schafften (siehe 3.6.2.3.).

Interessanterweise nahmen sich zahlreiche adelige Frauen berühmte Kastraten als Liebhaber (siehe 3.6.4.3.). Dies ließe eigentlich schlussfolgern, dass sie die Kastraten als besonders männlich angesehen haben. Das Männlichkeitsideal, das die Kastraten auf der Bühne darstellten (siehe 3.6.2.3.), wurde von diesen Frauen auf die Affäre mit den Kastraten übertragen. Dies gab somit der Affäre einen besonderen Reiz. Verstärkt wurde der Reiz einer Affäre mit einem Kastraten noch zusätzlich dadurch, dass aufgrund der Zeugungsunfähigkeit eines Kastraten keine Schwangerschaftsfolgen zu erwarten waren (siehe 3.6.4.3.). Obwohl adelige Frauen Kastraten als besonders männlich ansahen, und mit ihnen sexuelle Abenteuer eingingen, wagte nur selten eine Frau die Ehe mit einem Kastraten (siehe 3.6.4.3.). Dabei ist es nun gleichgültig, ob sie das Verbot durch die Kirche (siehe 3.2.1.), zu befürchtende gesellschaftliche Nachteile (siehe 3.6.4.3.) oder andere Gründe daran hemmten. Sie schmückten sich in ihrem Privatleben am liebsten mit diesen auf der Bühne als besonders männlich geltenden Männern.

Die Kirche dagegen sah die Kastraten wegen der Zeugungsunfähigkeit nicht als besonders männlich an. Widersprüchlich ist hier wiederum, dass die Kastratensänger in der Sixtinischen Kapelle in ihrer Eigenschaft als Männer auftreten mussten (siehe 3.6.5.2.). Die Kirche verbot die Heirat eines Kastraten mit einer Frau (siehe 3.6.4.3.). Da im 17. und 18. Jahrhundert Lehrsätze der Kirche einen hohen Stellenwert besaßen und zahlreiche Menschen danach lebten, sahen viele die Kastraten nicht als richtige Männer an. Ein weiteres Indiz dafür, dass die Kastraten von der Gesellschaft nicht als Männer angesehen wurden, ist die Bezeichnung nicht intakt für die kastrierten Gesangsschüler im Konservatorium (siehe 3.4.1.; 3.6.5.2.). Auch wenn von Ausnahmen berichtet wird, wie z.B. Farinelli (siehe 3.5.3.; 3.6.4.2.), der sein Leben lang einen guten Kontakt zu zahlreichen Menschen hatte, ist trotzdem nicht gesagt, dass Farinelli von diesen Menschen als männlich angesehen wurde. Fraglich bleibt, als was die Gesellschaft die Kastraten wahrgenommen hat.

Beleuchtet man den psychischen Aspekt der Frage nach einer Veränderung von Männlichkeit durch die Kastration, so lässt sich wegen mangelnder Primärquellen (siehe Einleitung) nur spekulieren. Wie die Kastraten diese Veränderung empfanden, war sicherlich sehr individuell. Wie in 3.6.5.1. erwähnt, bezeichnete sich Balatri (siehe 3.5.2.) als Neutrum, bewertete diese Aussage jedoch nicht weiter. Die wenigsten Kastraten liefern Anhaltspunkte, die darauf schließen lassen könnten, dass sie sich als nicht männlich angesehen hätten (siehe 3.5.1.; 3.5.3.; 3.6.5.1.). In diesem Fall hätte die Kastration auf Basis der biologischen Diskussion (siehe oben) die äußerliche Männlichkeit verändert, aber nicht die innere Einstellung. Wiederum andere, z.B. Caffarelli (siehe 3.5.1.), präsentierten von sich ein besonders männliches Bild. Dies muss aber nicht mit der persönlichen Überzeugung übereingestimmt haben (siehe 3.5.1.). Es gibt keine Angaben darüber, dass sich Kastraten als Frauen empfunden hätten.

Abschließend lässt sich zur Beantwortung der Frage, ob durch die Kastration die Männlichkeit der Gesangskastraten verändert wurde zusammenfassend sagen, dass die Kastration auf jeden Fall eine Veränderung von Männlichkeit herbeigeführt hat. Da es keine Definition von Männlichkeit im Knabenalter gibt, spricht die Autorin von einer Veränderung der Knabenhaftigkeit und nicht der Männlichkeit. Diese Veränderung der Knabenhaftigkeit hatte entscheidenden Einfluss auf die spätere Männlichkeit. Ein Knabe hat die biologischen Merkmale eines Mannes und wird auch von der Gesellschaft als Kind männlichen Geschlechts angesehen, aber verfügt noch nicht über die ausgereiften Eigenschaften eines Mannes.

Die Biopsychosoziale Betrachtung der Frage nach einer Veränderung von Männlichkeit bei den Kastraten zeigt zahlreiche Veränderungen in unterschiedliche Richtungen auf. Man kann nicht sagen, dass sich Kastraten in eine eindeutige geschlechtliche Richtung entwickelten. Des Weiteren gab es große individuelle Unterschiede.

Auf Basis der biologischen Sichtweise kommt die Autorin zu dem Schluss, dass Kastraten mit dem männlichen Geschlecht geboren wurden und dies auch nicht durch die Kastration verloren haben.

4.2. Welche Geschlechterrolle nahmen Gesangskastraten an?

Der Begriff Geschlechterrolle bedeutet hier gemäß der Definition die Summe von Erwartungen anderer an die Ausübung des Geschlechtes eines Kastraten auf Bühne und Privatleben und ihr erlerntes Verhalten, das sie in Beziehung zu ihrem Geschlecht in bestimmten Situationen ausüben können bzw. müssen (z.B. im Theater eine bestimmte Rolle spielen) (Brockhaus 1986). An einen Mann wird u.a. die Erwartung gestellt, dass er als Ernährer auftritt (siehe 2.1.; 2.2.).

Bei der Ausübung der Geschlechterrolle ist das Verhalten eines Kastraten in der Gesellschaft von Bedeutung und nicht wie die Gesellschaft diesen wahrgenommen hat.

Die Gesangskatsraten übten zum einen eine Geschlechterrolle auf der Bühne und zum anderen im Privatleben aus. Es muss unterschieden werden zwischen idealisierter Kunstfigur und dem Ansehen als realer Mann innerhalb der zeitgenössischen Gesellschaft. Betrachten wir zunächst einmal ihre Geschlechterrolle auf der Bühne. Nach ihrer Ausbildung debütierten die Gesangskastraten zum Großteil in Frauenrollen (siehe 3.6.2.3.; 3.6.3.3.). Manche verkörperten diese Rollen so gut, dass sie es nie schafften das Fach zu wechseln. Die Zuschauer wollten sie nur in den weiblichen Rollen sehen und akzeptierten ihren Auftritt nicht in männlichen Rollen. Sie drückten dies beispielsweise durch Verlassen des Theaters oder Nichterscheinen aus. Da die Kastraten aufgrund ihrer weiblichen Geschlechtsmerkmale (siehe 3.6.3.1.; 3.6.3.3.), wie Busen, schlanke Taille und breite Hüften und ihrer äußeren Fassade, wie Schminke, Korsett und Frauenkleidern teilweise schöner als Frauen wirkten (siehe 3.6.3.3.), nahmen sie auch deren Geschlechterrolle an. Ein Gesangskastrat konnte die Geschlechterrolle einer Frau auf der Bühne vollständig verkörpern. Er schaffte es, durch sein Äußeres und seine Stimme eine perfekte weibliche Illusion aufzubauen, so dass männliche wie weibliche Zuschauer getäuscht wurden. Die Theaterbesucher sahen und hörten keinen Mann auf der Bühne (siehe 3.6.2.3.; 3.6.3.3.). Schließlich übertrugen viele Zuschauer die wahrgenommene weibliche Bühnenidentität auf den Alltag und sahen die Kastraten auf der Straße als Menschen weiblichen Geschlechts an (siehe 3.6.3.3.), auch wenn sich die Kastraten nicht dem gemäß verhielten. Fraglich ist, ob sich ein Kastrat auf der Bühne selbst als Frau empfunden hat.

Wenn ein Gesangskastrat schließlich den Wechsel zu den männlichen Heldenrollen (Heldensopran) schaffte (siehe 3.6.2.3.), wurde er dadurch nicht zwangsläufig von den Zuschauern als realer Mann gesehen. Vielmehr verkörperte er ein Wunschbild, an dem sich Männer wie Frauen ergötzten, welches ein realer Mann kaum erfüllen hätte können. Das Reale an der Verkörperung der Helden- und Geschlechterrolle war den Theaterbesuchern gleichgültig (siehe 3.4.3.1.; 3.6.3.3.). Man kann dies heute mit Musicals vergleichen, die uns gerade durch das Irreale verzaubern. Auch hier taucht der Zuschauer in eine andere Welt voller Illusion ab. Er kann sich in die Charaktere hineinversetzen und vergisst dabei, dass es sich um eine irreale Welt handelt. Die Folge ist, dass viele die Akteure auf der Bühne idealisieren und sie mit den Menschen in ihrem Umfeld vergleichen.

Im Gegensatz zur weiblichen Bühnenrolle gelang es einem Gesangskastraten nicht in die Geschlechterrolle eines realen Mannes auf der Bühne zu schlüpfen. Die Zuschauer nahmen auf der Bühne nicht den klassischen Helden war, den wir heute mit männlichen Eigenschaften assoziieren. Sie sahen vielmehr einen Traummann, der Held und Liebhaber und zugleich ein androgyner Mann mit weiblichen Einfühlungsvermögen war (siehe 3.6.2.3.; 3.6.3.3.). Die männlichen Zuschauer konnten von keiner Bedrohung durch dieses irreale Wesen ausgehen und mussten nicht mit Eifersucht auf die Kokettierungen ihrer Frauen mit den Kastraten reagieren (siehe 3.6.4.3.). Auch wenn die männliche Geschlechterrolle im Barock eine andere als heute war, konnte diese durch die Kastraten auf der Bühne nicht erfüllt werden (siehe 2.2.). Als Folge dieser Verkörperung einer irrealen Männlichkeit auf der Bühne, übertrugen die Zuschauer das Gesehene nicht auf den Alltag. Sie sahen hier einen Kastrat nicht als den Traumann an, der er auf der Bühne war, sondern als Kastrat. Der Held auf der Bühne war so perfekt, aber unwirklich, dass es diesen im Alltag nicht geben konnte.

Welche Geschlechterrolle die Gesangskastraten in ihrem Privatleben einnahmen, ist weitaus schwieriger zu beurteilen. Hier gab es große individuelle Unterschiede. Caffarelli (siehe 3.5.1.) lebte seine Männlichkeit in zahlreichen sexuellen Abenteuern mit Frauen aus (siehe 3.6.4.3.). Er erwähnte nie, sich selbst nicht als Mann gesehen zu haben. Es gibt zwar durchaus Indizien in seinem Verhalten, die für eine Bedrohung seiner Männlichkeit durch die Kastration sprechen (siehe 3.6.5.1.), jedoch war Caffarelli durchaus in der Lage den Großteil der Erwartungen, die an einen Mann gestellt werden, zu erfüllen. So sorgte er selbst für seinen Lebensunterhalt, kleidete sich männlich und lebte eine männliche Sexualität aus. Außerdem duellierte bzw. prügelte er sich gerne in der Öffentlichkeit.[65] Auch andere Kastraten, wie z.B. Farinelli (siehe 3.5.3.) oder Balatri (siehe 3.5.2.), übernahmen in ihrem Privatleben die Pflichten einer männlichen Geschlechterrolle. Balatri ernährte sogar nicht nur sich, sondern trat nach der Erkrankung seines Vaters für die ganze Familie ein und kümmerte sich sein Leben lang um seinen Bruder. Diese Kastraten wünschten sich Beziehungen zu Frauen und beklagten durchaus ihre Unfähigkeit in diesem Punkt. Die Übernahme einer vollen männlichen Geschlechterrolle wurde ausschließlich durch die biologische Unfähigkeit und das religiöse Verbot (siehe 3.6.4.3.) gehemmt. Sie traten in einer männlichen Geschlechterrolle auf. Dann wiederum gab es Gesangskastraten, die ihren Ruhm auf der Bühne nutzten, um auch homosexuelle Kontakte zu knüpfen. Trotzdem ließen sich keine Angaben über Kastraten finden, die im Privatleben eine gänzlich weibliche Geschlechterrolle eingenommen hätten (z.B. durch Frauenkleidung).

Man darf nicht die Kastraten vergessen, die ihre biologische Männlichkeit umsonst eingebüßt hatten und weder eine Anstellung in einem Kirchenchor (siehe 3.4.2.) noch ein Engagement an der Oper (siehe 3.4.3.) erhielten. Diese waren von der Gesellschaft ausgeschlossen (siehe 3.6.4.1.), und es ist anzunehmen, dass ihnen ihre Geschlechterrolle gleichgültig war, da sie schwerwiegendere Probleme plagten.

---

[65] Manche Autoren sehen das anders. Siehe z.B. Koldau 2008.

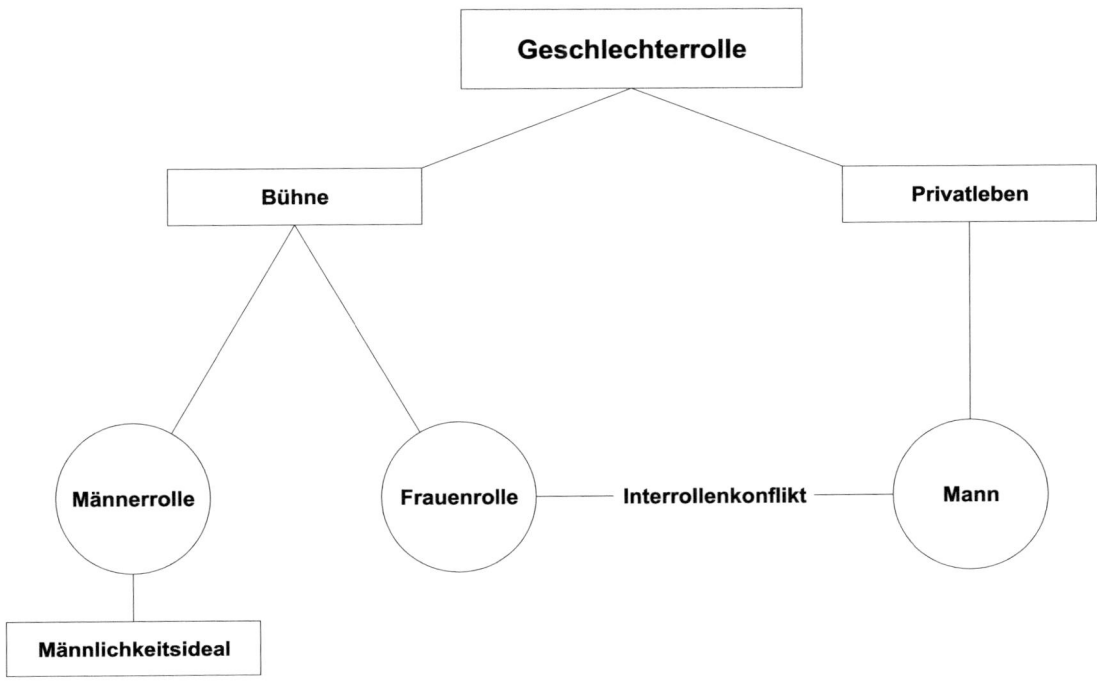

Abb. 10 : Ein Kastrat und seine Geschlechterrollen

Zusammenfassend lässt sich sagen, dass sich die meisten Gesangskastraten selbst in einer männlichen Geschlechterrolle wahrgenommen haben. Manche haben sicherlich ihr Schicksal und die Folgen beklagt; manchen schien es gleichgültig zu sein und die wenigsten berühmten Kastraten litten ihr Leben lang so darunter, dass es sie beeinträchtigt hätte. Die Kastraten wussten, dass sie aufgrund einer Operation nicht ganz wie andere Männer sind; nicht alle wussten, wie und warum diese Operation durchgeführt wurde. Sicherlich schmerzten die Anfeindungen anderer, aber die meisten konnten wohl im Laufe ihres Lebens damit umgehen und sie mit ihrer Kunst kompensieren, so dass sie zu der Übernahme einer männlichen Geschlechterrolle in der Lage waren. Die Geschlechterrolle, die ein Kastrat auf der Bühne einnahm, war von der Rolle abhängig. Die weibliche Bühnenrolle konnte perfekt verkörpert werden, wohingegen die männliche Rolle auf der Bühne für die Zuschauer die perfekte Männlichkeit symbolisierte, die es außerhalb des Theaters nicht geben konnte.

Es ist anzunehmen, dass es zu Interrollenkonflikten (siehe 2.2.) zwischen der weiblichen Rolle auf der Bühne und dem Bemühen einer männlichen Rolle im Alltag kam. Zum einen war ein Gesangskastrat sehr darauf bedacht, seine Bühnenrolle so gut es ging, zu verkörpern. Er wünschte sich schließlich den tosenden Beifall der Leute am Ende einer Vorstellung (siehe 3.4.3.). Zum anderen wurde er mit dem männlichen Geschlecht geboren. Das heißt, er zog nach einer Vorstellung die Bühnenkleidung aus und nahm eine andere Rolle an, die sich gravierend von der Rolle im Theater unterschied. Die meisten Zuschauer interessierten sich jedoch nicht für diese private Rolle eines Gesangskastraten. Sie wurden durch die perfekte Inszenierung eines Kastraten als Frau getäuscht und nahmen manche Gesangskastraten nur in ihren weiblichen Rollen wahr (siehe 3.6.3.3.). Dies verstärkte dann noch einen möglichen Interrollenkonflikt. Aufgrund der fehlenden Bereitschaft vieler Zuschauer die Gesangskastraten mit einer eigenen männlichen Persönlichkeit wahrzunehmen, die der weiblichen Persönlichkeit auf der Bühne widersprach, konnten die Kastraten ihre männliche Rolle im Privatleben kaum ausüben. Die Folge war ein Teufelskreis. Einem Kastraten wurde es von der Gesellschaft nicht zugetraut seine männliche Rolle zu erfüllen und folglich konnten sie diese auch nicht ordnungsgemäß erfüllen. Viele sahen Kastraten aufgrund ihrer Rolle auf der Bühne als Frau an. Diese Rolle, die einem Kastraten von der Gesellschaft zugedacht wurde, konnte er aber nicht ganz übernehmen, da er biologisch ein Mann war. Die Folge daraus waren gesellschaftliche Konsequenzen. Diese entstehen, wenn eine Person, die ihr zugedachte Rolle nicht vollständig übernehmen kann und sozusagen aus der Rolle fällt.

4.3. Gehör(t)en die Gesangskastraten einem bestimmten Männertyp an?

An dieser Stelle steht die Frage, ob man die Gesangskastraten in einen der drei „Allegorie–Typen" (siehe 2.3.) oder in eine Männlichkeitsgruppe nach Connell (siehe 2.4.) einteilen kann. Hier gilt es abermals zwischen dem Bühnen- und Privatleben zu differenzieren.

Im Barock wurde die Partie des Helden in einer Oper vom Sopran und nicht wie heute üblich vom Tenor gesungen (siehe 3.6.2.3.). Der Heldensopran wurde erst mit dem Aufblühen der opera buffa vom Heldentenor abgelöst, der auch eine Veränderung des Musikgeschmacks mit sich brachte. Zeitgleich wechselte das Männer- und Frauenbild und die Kritik an den Kastraten nahm zu (siehe 2.2.; 3.6.2.3.).

Bleiben wir aber in der Zeit des Heldensoprans. In dieser Zeit wurde im Gesangskastraten auf der Bühne der ideale Mann gesehen. Er verkörperte in seiner Rolle ein Wunschbild, das Frauen vergötterten, und in der Realität unerreichbar war (siehe 3.6.2.3.; 3.6.3.3.). Die Kastraten waren auf der Bühne die perfekten Helden und entsprachen dem damaligen Heldenempfinden (siehe 2.2.; 3.6.2.3.). Folglich kann man sagen, dass die Gesangskastraten auf der Bühne den zweiten Männertyp „Der Held" oder „Der Potentat" (siehe 2.3.1.2.) darstellten. Sie erfüllten dann die Rolle des Anführers, Kriegshelden oder Kaisers. Der Kaiser Nero in der Oper „Die Krönung der Poppäa" (siehe 2.3.2.1.) wurde z.B. von einem Soprankastraten gesungen, wohingegen heute ein Tenor diese Rolle singt (siehe 3.6.2.3.). Die hohe Stimme, die wir nach dem heutigen Geschmacksempfinden eher mit Unmännlichkeit assoziieren, war im Barock der Ausdruck der absoluten Männlichkeit; wohl gemerkt in den Wänden des Opernhauses und nicht auf der Straße.

Verwendet man zur Betrachtung dieser Frage die Männlichkeitsstudie nach Connell (siehe 2.4.), so fielen alle Gesangskastraten in die „Untergeordnete Männlichkeitsgruppe" (siehe 2.4.3.). Sie sind allen Männern, denen keine primären Geschlechtsmerkmale (siehe 2.1.,1.; 3.3.1.1.) entfernt wurden und welche die biologischen sekundären Merkmale (siehe 2.1.,2.; 3.3.1.1.) eines Mannes aufweisen, in dieser Hinsicht untergeordnet.

Zur Beantwortung der Frage, zu welchem Männertyp die Gesangskastraten nach der Arbeitsdefinition der Autorin (siehe 2.3.) im Privatleben gehörten, werden nachfolgend drei Gesangskastraten exemplarisch in ihrer Individualität herangezogen und betrachtet.

4.3.1. Wer war Caffarelli?[66]

Caffarelli sah wohl das Fehlen seiner Männlichkeit immer wieder als wunden Punkt an, konnte dies jedoch durch ein übersteigertes Selbstbewusstsein, ruhmvolles Leben und sexuelle Eskapaden kompensieren. Inwieweit Caffarelli tiefgreifende psychische Beeinträchtigungen hatte, lässt sich heute nur spekulieren. Berichte existieren lediglich über eine empfundene Einsamkeit des Sängers (siehe 3.6.4.3.) und um weitere Interpretationen über sein Männlichkeitsempfinden anzustellen, müsste man neben Kenntnisse über den damaligen kulturellen Hintergrund auch über geschulte psychologische Fähigkeiten verfügen.[67]

Caffarellis Allüren und sein übersteigertes Selbstbewusstsein waren Reaktionen auf die zahlreichen Sticheleien anderer. Sicherlich hat es ihn sehr geschmerzt, dass jemand unter seine Inschrift an seinem Stadtpalais in Neapel „ille cum, tu sine" („er mit, du ohne") schrieb (siehe 3.5.1.). Da er mit niemand über seine Kastration und die Folgen sprechen, sich also niemanden offenbaren konnte, reagierte er auf jede Form der Kritik, auch wenn diese nicht im Zusammenhang mit seiner Entmannung stand, aggressiv und bisweilen handgreiflich. Dies verdeutlicht, dass er an sich ein Defizit anderer Gegenüber wahrnahm. Nach außen demonstrierte er mit seinem finanziellen Vermögen und seiner Gesangskunst ein überspitztes Selbstbewusstsein, das innerlich kaum existierte. So war auch die Zeit in London im Engagement unter Händel und den dortigen Misserfolgen eine schmerzliche Erfahrung, da er dort nicht mehr als gefeierter Bühnenstar galt. Bestätigung seiner Person (und Männlichkeit) fand er nicht nur auf der Bühne, sondern auch bei seinen Affären (siehe 3.5.1.; 3.6.4.3.).

Trotz seines Verhaltens, das man als Ausdruck für ein mangelndes Selbstbewusstsein ansehen kann, waren ihm seine wahren Empfindungen nicht bewusst. Er verdrängte sie Zeit seines Lebens bis zu seinen einsamen Jahren im großen Palazzo in Neapel. Dies ist nicht verwunderlich, schließlich reiste er viel, hatte zahlreiche Auftritte und verbrachte seine Freizeit auf Empfängen oder mit Proben. Da blieb wenig Gelegenheit zum Grübeln. Folglich hatte Caffarelli während seiner Bühnenzeit keine gravierenden Probleme mit seiner Entmannung (siehe 3.5.1.). Er wurde durch Geld und Ruhm entschädigt. In den Jahren nach seinem Bühnenabschied, kurz vor seinem Tod, hat er stark gelitten. Er verfügte zwar über viel Geld, hatte aber niemanden mehr mit dem er es hätte teilen können. Bühnenkollegen waren verstorben und andere pflegten nicht gerade den Umgang mit einem Kastraten. Er machte die Operation für alles Negative im Alter verantwortlich ohne sich darüber bewusst zu sein, dass sie ihm ein finanziell gesichertes Leben bescherte. Caffarelli trat in einer männlichen Geschlechterrolle auf. Er hatte ein männliches Sexualverhalten, kleidete sich in seinem Privatleben wie ein Mann und konnte für sich finanziell sorgen.

Auch wenn Caffarellis Sexualverhalten und sein Hang zur öffentlichen Prügelei nach heutigen Maßstäben mit Heldentum assoziiert werden, fällt Caffarelli nach der Männlichkeitsdefinition der Autorin in die erste Männlichkeitskategorie „Der Feige" (siehe 2.3.1.1.). Er trat als Mitläufer und Verräter auf, sofern es ihm dienlich war. So legte er sich auf der Bühne prinzipiell mit seinen Konkurrenten an. Diese Bosheit war vielmehr Ausdruck eigener Unzufriedenheit und der Versuch andere abzuwerten, um sich selbst aufzuwerten. Auch schmeichelte sich Caffarelli bei Menschen ein oder hinterging Freunde, wenn er sich einen Vorteil davon versprach. In der Regel konnte er allerdings sein aufbrausendes Temperament, gerade wenn er verärgert war, nicht zügeln, so dass er sich zu Schlägereien hinreißen ließ. Er setzte sich zwar gegen persönliches Unrecht zur Wehr, interessierte sich dabei aber nicht für seine Mitmenschen.

---

[66] Siehe Lebenslauf 3.5.1.
[67] Vgl. Koldau 2008.

Des Weiteren lebte er sein Leben nach dem Bedürfnisprinzip und seine Bedürfnisse konnte er aufgrund seines Reichtums erfüllen. So gab er sein Geld ohne Nachzudenken aus, veranstaltete Empfänge und gönnte sich das, wonach sein Herz verlangte. Generell wich er zwar Konflikten nicht aus, aber er stellte sich ihnen auf unreife Art und Weise und löste sie durch Schreien, Schlagen oder unangemessenes, gar kindisches Verhalten. Außerdem übernahm er ungern für seine Verhaltensexzesse Verantwortung. Misserfolge und Negatives bejammerte er und sah sie als Folge seines Schicksals als Kastrat. Ihm war klar, dass er die Operation nicht rückgängig machen konnte und sah sich seinem Leben als Kastrat hilflos ausgeliefert. Ihm war aber nicht klar, dass er aufgrund dieser Operation ein ruhmvolles Leben führte und er durch sein eigenes Verhalten sein Leben steuerte und nicht alles Negative eine Folge der Operation war. Seine Kastration musste als Ausrede in verschiedenen Situationen dienen. So rechtfertigte Caffarelli sein oftmals unmögliches Verhalten auch vor sich selbst. Er verdrängte Vergangenes und wollte einfach sein Leben leben, wobei seine Stimmung vom Erfolg auf der Bühne abhing. Darauf legte er sein ganzes Streben und seinen Ergeiz. Sich und seine Männlichkeit definierte Caffarelli über den Beifall am Ende einer Vorstellung.

4.3.2. Wer war Filippo Balatri?[68]

Balatri bezeichnete sich in seinen Memoiren als Neutrum (siehe 3.6.5.1.). Von der ersten bis zur letzten Seite sind seine Werke gespickt von Selbstironie und Witz und aus diesem Grund nicht ganz ernst zu nehmen. Ihm war durchaus bewusst, nicht so wie andere Männer zu sein und schämte sich seines unvollständigen Körpers (siehe 3.6.5.1.). Balatris eigenes Männlichkeitsempfinden war geprägt durch eine tiefe Frömmigkeit und katholische Erziehung und das Wissen, dass ein Kastrat ein Leben in Verdammnis führt, wenn er beginnt männliche Gefühle einer Frau gegenüber zu entwickeln (siehe 3.6.4.3.). So fand es Balatri nicht angebracht, sich vor anderen und vor Gott als Mann zu bezeichnen. Fraglich ist, ob er sich selber tatsächlich gänzlich als Neutrum wahrgenommen hat.

Balatri bewahrte sein Leben lang ein jugendliches, fast kindliches Temperament, das ihm sogar den Zutritt zu den Frauengemächern seines Moskauer Gastgebers einbrachte. Auch wurde der bereits erwachsene Balatri in Moskau stets mein Sohn genannt (siehe 3.5.2.).[69] Dies lässt jedoch vielmehr darauf schließen, dass ihn andere mehr als Kind bzw. Neutrum wahrnahmen. Auffallend ist auch, dass heutige Autoren den Vornamen Balatris benutzen, wenn sie über ihn schreiben, wohingegen bei anderen Kastraten der Nach- bzw. Künstlername verwendet wird.

Trotz seiner jugendlichen Frische kümmerte er sich stets um Menschen, die seiner benötigten. So war auch sein Bruder Ferrante immer eine enge Bezugsperson. Balatri ernährte nicht nur sich, sondern seine ganze Familie. Er schloss schnell Freundschaften und verhielt sich in jeder Gesellschaft situationsangebracht.

Wie Caffarelli so kleidete sich Balatri stets männlich. Außerdem trat Balatri im Unterschied zu zahlreichen anderen Gesangskastraten auf der Bühne nie als Frau auf.

Balatri ist zu der dritten Männlichkeitskategorie „Der Weise" zu zählen (siehe 2.3.1.3.). Er trat seinen Mitmenschen gegenüber stets als Ratgeber auf. Wenn andere Hilfe benötigten, so äußerte sich Balatri vorurteilsfrei und ohne Bewertung und beurteilte souverän die Ausgangssituation. Auf diese Art und Weise war Balatri seinem Bruder Ferrante eine wichtige Stütze. Obwohl Balatri durch die Sorge für seinen Bruder in seiner eigenen Lebensplanung behindert

---

[68] Siehe Lebenslauf 3.5.2.
[69] Dies sieht Koldau u.a. als Indiz für ein sogenanntes drittes Geschlecht. Siehe Koldau 2008.

wurde – Balatri konnte aus Rücksicht auf Ferrante bestimmte Reisen nicht unternehmen – beklagte er sich nie darüber. Als streng gläubiger Katholik gestaltete er sein Leben im Einklang mit Gott und blieb unbeirrbar im Sinne seines Glaubens. Auch wenn er durchaus unter seiner Entmannung gelitten hatte, was sich z.B. an seinem Schamverhalten (siehe 3.6.5.1.) zeigte, so machte er niemals jemanden dafür verantwortlich oder lamentierte darüber. In seinen Memoiren äußerte sich Balatri zwar häufig ironisch über seine Kastration und die Folgen, aber er gab Niemanden die Schuld daran. Er sah die Kastration als notwendigen Teil seines Lebens und Schicksals und als Prüfung durch Gott an. Er wusste, dass er sein Leben in Abhängigkeit von Gott beeinflussen kann und nicht hilflos ausgeliefert ist. Balatri beklagte sich in seinen Dichtungen z.B. nicht darüber, dass er durch den Großherzog Cosimo III de' Medici als Leihgabe an Zar Peter den Großen nach Moskau geschickt wurde (siehe 3.5.2.). Gegen seinen Willen musste er einem ihm fremden Fürsten in ein fremdes Land begleiten, das zudem noch sein höchstes Gut, seine katholische Frömmigkeit und sein Seelenheil bedrohte. Die existentielle Angst um sein Seelenheil war ungewöhnlich stark ausgeprägt, so dass er das kirchliche Liebes- und Eheverbot (siehe 3.6.4.3.) sein Leben lang streng befolgt hat. Da ihm durch die christliche Lehre sogar das Gefühl von verliebt sein untersagt war, log er Anna Mons an, um sie vor der Verdammnis zu schützen (siehe 3.6.4.3.). Dies verdeutlicht, dass Balatri seine Bedürfnisse unter die seiner Mitmenschen stellte.

4.3.3. Wer war Farinelli?[70]

Farinelli gilt bis heute als der berühmteste Gesangskastrat. Im Gegensatz zu Caffarelli gab es keine Skandale um Farinelli. Er wurde immer als sehr ausgeglichen und unparteiisch beschrieben. So galt er am spanischen Königshof nicht nur als Musiktherapeut und Seelenarzt für den an Schwermut erkrankten König Philipp V., sondern war auch sein Vertrauter. Tatsächlich gelang es Farinelli, dem König durch seinen Gesang neuen Lebensmut einzuflößen. Ein Indiz auch für die Schönheit der Kastratenstimme und insbesondere seiner Stimme (siehe 3.6.2.1.). Außerdem pflegte er einen guten Kontakt zu seinem Vater und schien ihm die Operation nicht nachzutragen (siehe 3.6.4.3.). In Briefen äußerte er sich nie über die Kastration und ihre Folgen. Er beklagte lediglich, dass ihm die Ehe verwehrt war. Es gibt auch keine Anzeichen dafür, dass er im Stillen seine Kastration betrauert hätte. Farinelli hat sie als Teil seines Schicksals hingenommen und seine Stimme als großes Glück empfunden.

Mit seinem Reichtum engagierte er sich sozial und für Menschen in Notsituationen (siehe 3.5.3.). Da er aufgrund seiner Zeugungsunfähigkeit keinen Erben hatte, adoptierte Farinelli seinen Neffen (siehe 3.6.4.3.). Er sorgte sich sehr über den Fortbestand seiner Familie und arrangierte aus diesem Grund für seinen Neffen eine Ehe. Laut einer Legende, die Casanova (siehe Einleitung) verbreitete, hätte sich Farinelli in die Frau seines Neffen verliebt. In einem Brief aus dem Jahr 1740 äußerte sich Farinelli über ein weiteres Arrangement, das er mit seinem Bruder Ricardo geschlossen hat. Einer der berühmtesten und einflussreichsten Männer seiner Zeit war sich seiner Verantwortung bewusst, für den Erhalt seiner Familie zu sorgen. Die Familie sollte durch Zeugung legitimen Nachwuchses weiter bestehen. Generell nahm Farinelli in seinem Leben häufig die Rolle des sorgenden Älteren oder des moralisch Überlegenen ein. Der Autor Barbier beschreibt z.B. Farinellis lebenslange Sorge um die kränkliche Mutter und sein außergewöhnliches Familienbewusstsein. Somit erscheint die geschlechtliche Konsequenz der Kastration besonders gravierend, denn ein vom Wesen her geselliger und verantwortungsbewusster Mann litt sein Leben lang darunter, dass er keine Nachkommen zeugen und Verantwortung für eine eigene Familie übernehmen konnte (Barbier 1995).

---

[70] Siehe Lebenslauf 3.5.3.

Farinelli ist dem dritten Männertyp „Der Weise" (siehe 2.3.1.3.) zuzuordnen. Er fungierte am spanischen Königshof als Ratgeber und blieb trotz heftiger Streitigkeiten, in die er mit hineingezogen wurde, stets unparteiisch. Farinelli stand immer über den Machtkonflikten. Durch seine subtile Persönlichkeit schaffte er sich, obwohl er der Privatsänger Philipps V. war, keine Feinde. Zwar ließen sich keine Berichte über eine christliche Frömmigkeit Farinellis finden, jedoch ist anzunehmen, dass er sein Leben durchaus im Sinne einer christlichen Lehre führte, da er sich an das Eheverbot eines Kastraten hielt. Außerdem bejammerte er nicht seine Kastration und stellte sein Schicksal nicht in Frage. Farinelli versuchte seine Lebensbedingungen zu beeinflussen, indem er für den Fortbestand der Familie sorgte. Allerdings unternahm er dies auf sensible Art und Weise und nicht durch Ausübung von Druck. Dies zeigt, dass er sich selbst nicht als Aufgabenträger von Veränderungen wahrnahm. Farinelli führte trotz seines Reichtums kein übertrieben luxuriöses Leben und engagierte sich für Notleidende. Er konnte seine Bedürfnisse kontrollieren.

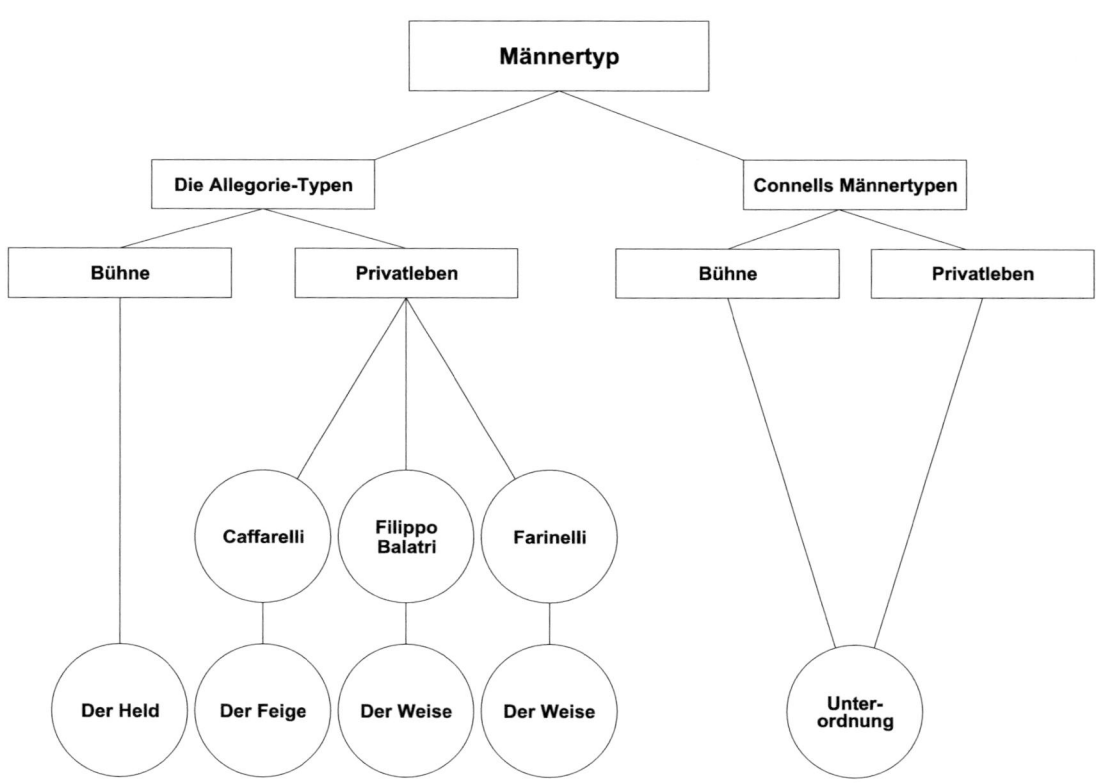

Abb. 11: Der Kastrat und seine Männertypen auf der Bühne und im Privatleben

4.4. Waren Kastraten Männer?

Durch die Stimmen der Kastraten wurde das Geschlecht austauschbar. Dabei verdeutlichte die Sopranlage, dass es bei der Verkörperung des Helden nicht nur um den Herrscher, sondern ebenso um den zärtlichen Liebhaber ging. Ein Mann mit zahlreichen Facetten, den es in der Realität kaum geben konnte und auch heute nicht geben kann. Auf der Bühne wurde das Geschlecht des Kastraten durch die Phantasie der Zuschauer geformt, die Person die hinter dieser Stimme stand wurde ignoriert. Die Faszination ging lediglich von der Stimme aus. Man findet in den Werken der damaligen Zeit immer wieder größtes Lob über den Gesang von Kastraten, aber wenig Andeutungen über deren Geschlechtlichkeit. Man beachte, dass Vitali (siehe 3.6.2.3.) den Kastraten nur mit seinem weiblichen Rollennamen ansprach, was beinahe durchweg so üblich war. Und selbst die Kirche sah die Kastraten nicht als gleichwertige Männer an und erschwerte deswegen sogar ihre Möglichkeiten Beziehungen einzugehen.

Doch gehen wir weg von den Betrachtungen der damaligen Zeit und bleiben bei den Fakten, wenn es darum geht zu entscheiden, ob Kastraten Männer sind oder nicht. Die in 4.3. exemplarisch betrachteten Kastraten ließen sich jeweils in einen „Allegorie–Typ" (siehe 2.3.) einteilen. Das bedeutet, dass sie nach der Arbeitsdefinition der Autorin Männer sind.

Da „Die Allegorie–Typen" den momentanen Status der Männlichkeit abfragen (siehe 2.5.), kann man nicht sagen, dass sich diese drei Kastraten ihr ganzes Leben lang nach dem „Allegorie–Typ" verhalten haben, in den sie eingeteilt wurden. Farinelli z.B. kann in jungen Jahren in einen anderen Männertyp gefallen sein, als im Erwachsenenalter bzw. als alter Mann. Die Autorin hat zur Einteilung dieser Kastraten in einen „Allegorie-Typ" den Männertyp gewählt, dem die Kastraten die längste Zeit ihres Lebens entsprachen.

Interessant ist, dass nach der Biopsychosozialen Betrachtung viele Faktoren von Männlichkeit durch die Kastration verändert wurden (siehe 4.1.), diese drei Kastraten aber trotzdem in ihrem Verhalten in einen „Allegorie-Typ" fallen und Männer sind. Auch wurde ihr männliches Verhalten nicht durch die unterschiedlichen Geschlechterrollen (siehe 4.2.), die z.B. Farinelli und Caffarelli auf der Bühne und im Privatleben ausübten, beeinträchtigt.

Auch wenn sich diese drei Kastraten in einen „Allegorie-Typ" einteilen ließen und danach Männer sind, bedeutet das noch nicht, dass sie für die Gesamtgruppe der Kastraten stehen. Zu Bedenken gilt, dass die Kastraten, obwohl sie zu einer bestimmten Gruppe gehörten, eines gemeinsam hatten – nämlich, dass sie einer folgenschweren Operation unterworfen wurden – immer noch Menschen sind und jeder Kastrat für sich durch den eigenen individuellen Lebenslauf geprägt wurde. Da „Die Allegorie–Typen" auf dem Verhalten und der Persönlichkeit eines Menschen basieren, das jedem eigen ist, und nicht auf Gruppenzugehörigkeit (siehe 2.5.), kann man auch nicht sagen, dass alle Kastraten Männer sind, nur weil drei exemplarisch betrachtete Kastraten als Männer gelten.

Der Umkehrschluss besagt aber auch, man kann nicht generell davon ausgehen, dass Kastraten keine Männer sind. Obwohl die Kastration starke Veränderungen (siehe 3.6.2.; 3.6.3.) mit sich brachte, führte dies nicht zwangsläufig zu einem nicht-männlichen Verhalten von Kastraten. Die Kastration hatte einen entscheidenden Einfluss auf das Leben und somit auf das Verhalten jedes Kastraten. Folglich hatte sie auch einen erheblichen Einfluss auf die spätere Ausführung von Männlichkeit. Wie die Kastraten ihre spätere Männlichkeit ausführten und ob sie sich eher weiblich verhielten oder ihr Leben lang kindlich, war vom kastrierten Menschen abhängig.

Kastraten verhielten sich sicherlich anders als ihre nicht kastrierten Kollegen (siehe 3.5.1.; 3.5.2.; 3.5.3.; 3.6.4.2.). Dies war aber nicht nur die Folge der Beraubung ihrer Männlichkeit, sondern auch der Umgang anderer mit ihnen. Denn jeder Mensch hat eine andere Art mit persönlichen Defiziten umzugehen. Balatri z.B. witzelte gerne, Caffarellis Anlage zur Arroganz wurde durch seinen männlichen Mangel noch gefördert und Farinellis Persönlichkeit war so ausgeglichen, dass er zumindest öffentlich souverän mit seinem Makel umging.

So lässt sich abschließend sagen, dass Kastration und Männlichkeit voneinander unabhängig sind und man nicht durch eine Veränderung der biologischen Männlichkeit auf ein nicht männliches Verhaltensmuster schließt, dies aber auch nicht ausschließen kann.

Da die Kastraten durch diese folgenschwere Operation einen entscheidenden Einschnitt in ihrem Leben hatten, der großen Einfluss auf ihre geschlechtliche Entwicklung nahm, könnte man Kastraten durchaus als ein drittes Geschlecht[71] bezeichnen. Auch wenn sie sich nicht unbedingt zu einer Frau entwickelten und sie ein durchaus männliches Verhalten beibehielten, fanden zahlreiche, nicht von der Hand zu weisende Veränderungen statt, die einen Kastraten prägten. Betrachtet man nicht nur das Verhalten, sondern richtet sein Augenmerk auf die körperlichen und stimmlichen Veränderungen und kreuzt dies mit der perfekten Darstellung einer Frau auf der Bühne, so scheint es tatsächlich nicht mehr angebracht einen Kastraten Mann zu nennen. Doch wenn man bei der Bezeichnung Mann für einen Kastraten bleibt , dann war es zumindest *„ein Mann, der in jeder Beziehung aus dem Rahmen fiel"* (Barbier 1998, 149).

Ein Kastrat war nämlich kastrierter Mann, drittes Geschlecht, Individuum und der perfekte Held in einer Person.

---

[71] Manche Autoren benutzen diese Bezeichnung im Zusammenhang mit Kastraten. Siehe z.B. Koldau 2008.

5. Zusammenfassung

Nach der *Einleitung* folgt im zweiten Kapitel die Feststellung, dass keine Definition von *Männlichkeit* existiert und nicht existieren kann, da es nicht den einen Mann gibt. *Eine biologische Definition* und *die gesellschaftliche Betrachtung von Männlichkeit im 17. und 18. Jahrhundert* werden einer *Arbeitsdefinition* vorangestellt. Die Arbeitsdefinition stützt sich auf Libretti aus dem 17. und 18. Jahrhundert und die darin beschriebenen männlichen Charaktere. Die Gewichtung dieser Charaktere nach deren Eigenschaften ergab *die Festlegung dreier Männertypen,* die sogenannten *Allegorie-Typen.*

Die Soziologin *Raewyn Connell* beschäftigte sich ebenfalls mit Männlichkeiten und führte zu diesem Zweck eine Studie in Australien durch. Dabei setzt sie vier Männlichkeitsformen fest. In ihrer Studie geht es jedoch um die Entwicklung von Männlichkeit im Hinblick auf sozialen Kontext und eigenes Verhalten. Was Männlichkeit ist, wird als Ausgangspunkt vorgegeben. Die Studie Connells wird im Hinblick auf *Parallelen und Unterschiede mit den Allegorie-Typen* verglichen.

Das dritte Kapitel beschäftigt sich im Allgemeinen mit den *Gesangskastraten im 17. und 18. Jahrhundert.* Jungen mussten bereits *vor Eintritt der Geschlechtsreife* kastriert werden, damit ihre hohe Knabenstimme erhalten blieb. Der Anfang der Kastration ist nicht eindeutig zu datieren. Die Kastration zur Erhaltung der hohen Stimme legitimierte sich auf einer Aussage von Paulus im Brief an die Korinther, der das Schweigen der Frauen in der Kirche forderte. Folglich wurde ein *Auftrittsverbot für Frauen* in der Kirche und Opernhäusern in Kirchenstaaten eingeführt. Kastraten bildeten einen kompetenten Ersatz. Die *Wirkungsweise ihrer Stimme* war erstaunlich. *Die Kritik am Kastratentum* kam erst Mitte des 18. Jahrhunderts durch Franzosen und andere Ausländer, die Italien bereisten. Bis dahin wurde die Kastration, obwohl es bekannt war, dass überall Knaben verschnitten wurden, tabuisiert. Anschließend werden drei Kastraten näher vorgestellt.

Unter der Überschrift *Folgen der Kastration,* werden die *unmittelbaren, stimmlichen, körperlichen und sozialen Folgen* sowie die *Folgen für die männliche Identität* beleuchtet. *Die Folgen für den Stimmapparat* waren das *Hauptziel* und somit beabsichtigt. Es erfolgt sowohl die *Charakterisierung der Kastratenstimme* als auch eine kurze *medizinische Betrachtung* der Auswirkungen der Kastration auf die Stimme. Anschließend wird ein *Zusammenhang zwischen Stimme und Geschlechtlichkeit* hergestellt.

Das *Aussehen der Kastraten* wurde als ungewöhnlich beschrieben. *Wissenschaftliche Erkenntnisse* hierzu existieren erst seit den Untersuchungen von Eugen Pelikan an Anhängern einer Sekte (Skopzen), welche die Kastration praktizieren. Wiederum wird ein *Bezug zur Geschlechtlichkeit* hergestellt. *Die sozialen Folgen* werden im Hinblick auf die *gesellschaftliche Stellung* für *unberühmte und berühmte Kastraten* dargestellt. Als Folge der Kastration durfte ein Kastrat nicht heiraten und blieb ohne Kinder und Enkel. Die Kastraten hatten unterschiedliche Arten mit ihrer Einsamkeit und Sexualität umzugehen und Beziehungen zu Mitmenschen zu pflegen.

Die Folgen für die männliche Identität werden *aus Sicht der Kastraten* und *aus Sicht von Zeitzeugen* beäugt. Dabei wird die biologische Männlichkeit als Ausgangspunkt genommen und untersucht, ob diese infolge der Kastration unter Bedrohung war.

Die abschließende *Diskussion* bezieht die gefundenen Fragen und Antworten von Männlichkeit auf die Gesangskastraten. Dabei stehen die Fragen, ob *die Kastration die Männlichkeit der Kastraten verändert hat, welche Geschlechterrolle Gesangskastraten annahmen* und ob *die Gesangskastraten einem bestimmten Männertyp angehörten.*

Als *Fazit* dieser Studie lässt sich feststellen, dass Kastraten im Theater ein Männlichkeitsideal darstellten, das ihnen im Privatleben nicht zugestanden wurde. Der Grad der Männlichkeit eines Kastraten war individuell und nicht direkt von der Kastration abhängig.

6. Quellenverzeichnis

6.1. Fachliteratur

6.1.1. Primärliteratur

Adrian, I. (1991): Rolle und Bedeutung der Kastraten in Leben und Werk Wolfgang Amadeus Mozarts. In: Fornari, G. (Hrsg.). *Mozart: Gli ornamenti della critica moderna; atti del convegno internazionale, Cremona.* Lucca: Libreria Musicale Italiana, 27-45.

Barbier, P. (1995): *Farinelli. Der Kastrat der Könige. Die Biographie.* Düsseldorf: ECON.

Barbier, P. (1998): Über die Männlichkeit der Kastraten. In: Dinges, M. (Hrsg.). *Hausväter, Priester, Kastraten. Zur Konstruktion von Männlichkeit im Spätmittelalter und früher Neuzeit.* Göttingen: Vandenhoeck und Ruprecht, 123-152.

Benthien, C. & Stephan, I. (2003) (Hrsg.): *Männlichkeit als Maskerade. Kulturelle Inszenierungen vom Mittelalter bis zur Gegenwart.* Köln: Böhlau.

Connell, R. W. (2006): *Der gemachte Mann. Konstruktion und Krise von Männlichkeiten.* Wiesbaden: VS Verlag für Sozialwissenschaften.

Fritz, H. (1994): *Kastratengesang. Hormonelle, Konstitutionelle und pädagogische Aspekte.* Tutzing: Schneider.

Gruber, G. W. (1982): *Der Niedergang des Kastratentums. Eine Untersuchung zur bürgerlichen Kritik an der höfischen Musikkultur im 18. Jahrhundert, aufgezeigt am Beispiel der Kritik am Katsratentum - mit einem Versuch einer objektiven Klassifikation der Kastratenstimme.* Dissertation, Geisteswissenschaftliche Fakultät der Universität Wien.

Habermann, G. (1986): Kastratensänger im 18. Jahrhundert in ihrer äußeren Erscheinung und ihrem Verhalten - nach zeitgenössischen Bildern. In: Spitzer, L. (Hrsg.). *Probleme der Sängerausbildung.* Wien: Hochschule für Musik und darstellende Kunst, 126-147.

Haböck, F. (1927): *Die Kastraten und ihre Gesangskunst. Eine Gesangsphysiologische, Kultur- und Musikhistorische Studie.* Stuttgart: Deutsche Verlags – Anstalt.

Hamp, V.; Stenzel, M. & Kürzinger, J. (2006) (Hrsg.): *Die Bibel. Vollständige Ausgabe des Alten und neuen Testamentes.* Augsburg: Weltbild.

Harenberg Opernführer (2000): *Der Schlüssel zu 500 Opern, ihrer Handlung und Geschichte.* Dortmund: Harenberg.

Joas, H. (2007) (Hrsg.): *Lehrbuch der Soziologie.* Frankfurt am Main: Campus Verlag.

Kaintoch, G. (1996): *Wunderbares Phänomen Stimme.* Wiesbaden: Capella – Verlag.

Kimmel, M. S.; Hearn J. & Connell, R.W. (2005) (Hrsg.): *Handbook of studies on men and masculinities.* Thousand Oaks, New Delhi, London: Sage Publications.

Laqueur, T. (1992): *Auf den Leib geschrieben. Die Inszenierung der Geschlechter von der Antike bis Freud.* Frankfurt/Main: Campus Verlag.

Leopold, S. (2000): Not sex but pitch. Kastraten als Liebhaber- einmal über der Gürtellinie betrachtet. In Linde, H. M. & Rapp, R. (Hrsg.). *Provokation und Tradition. Erfahrungen mit der Alten Musik.* Stuttgart: Metzler, 219-240.

Münch, P. (2000): Homines tertii generis. Gesangskastraten in der Kulturgeschichte Europas. *Essener Unikate, 14*, 58-67.

Ortkemper, H. (1995): *Engel wider Willen. Die Welt der Kastraten. Eine andere Operngeschichte.* Kassel: Bärenreiter.

Ortkemper, H. (2000): *Caffarelli. Das Leben des Kastraten Gaetano Majorano, genannt Caffarelli.* Frankfurt am Main, Leipzig: Insel Verlag.

Ortkemper, H. (1999): Eine Laune der Natur. Androgyne Stimmen. *Neue Zeitschrift für Musik, 160,1*, 14-17.

Ortkemper, H. (2002): Nicht nur der Teufel singt Sopran. Vom Aufstieg einer neuen Sängerklasse. *Opernwelt, 43,3*, 32-39.

Pease A. & B. (2002): *Warum Männer nicht zuhören und Frauen schlecht einparken. Ganz natürliche Erklärungen für eigentlich unerklärliche Schwächen.* München: Ullstein.

Postman, N. (2003): *Das Verschwinden der Kindheit.* Frankfurt am Main: Fischer.

Scholz, P. O. (1997): *Der entmannte Eros. Eine Kulturgeschichte der Eunuchen und Kastraten.* Düsseldorf, Zürich: Artemis und Winkler Verlag.

Schwarz, C. (2000): Es lebe das Messerchen. Superhelden mit Sopran. Kastraten waren die Stars der Barockbühnen. *Wirtschaftswoche, 22*, 244-247.

Singh, A. (1989): Unwiederbringlich. Die Kunst der Kastraten und die heutige Aufführungspraxis. *Concerto, 642*, 13-16.

Sonnenschmidt, R. (1990): Das umjubelte Neutrum. Kastraten als Sänger und Komponisten. *Bild der Wissenschaft 27,5*, 48-52.

Umbach, K. (1995): Ein Kerl wie ein Kind. Kino und Literaten feiern Farinelli, den berühmtesten Kastraten der Opernszene , als Megastar des Barock. *Der Spiegel, 49, 31*, 156-158.

Wunnicke, C. (2001): *Die Nachtigall des Zaren. Das Leben des Kastraten Filippo Balatri.* München: Claassen.

6.1.2. Sekundärliteratur

Brosses, C. de (1922): *Des Präsidenten De Brosses Vertrauliche Briefe aus Italien an seine Freunde in Dijon.* München.

Burney, C. (2003): *Tagebuch einer musikalischen Reise.* Kassel: Bärenreiter Verlag. Reprint der Ausgabe von 1772.

Cramer, C.F. (1783-1786): *Magazin der Musik.* Hamburg.

Farinelli (1739): *Brief von Farinelli an den Conte Pepoli.* Archivio de Stato di Bologna, Carteggio Pepoli.

Gruber, W. (1847): Untersuchungen einiger Organe eines Castraten. *Archiv für Anatomie, Physiologie und wissenschaftliche Medicin, 14*, 463-476.

Raguenet, A. (o.J.): *Geschichte der Musik.* O.O.: Ambros.

Sacchi, G. (1784): *Vita del cavaliere Carlo Broschi.* Venedig.

Vitali, F. (1969): Vorwort zur Partitur L'aretusa. In Solerti, A. (Hrsg.). *Le origini del melodramma.* Turin. Reprint der Ausgabe von 1903.

6.2. Internetquellen

Bononcini, G: *Serse. Oper in drei Akten.*
URL: http://www.haendel.it/composizioni/libretti/pdf/serse.pdf
Zugriff am 25.03.2008

Bourcillier, P.: *Magersucht und Androgynie. Auf der Suche nach der verlorenen Ganzheit. Nostalgie des Gesangs.*
URL: http://www.magersucht.com/pb/2/2_8.htm
Zugriff am 04.03.2008

Busenello, G. F.: *Die Krönung der Poppäa. Dramma in musica in einem Prolog und drei Aufzügen.*
URL: http://www.opera-guide.ch/libretto.php?id=228&uilang=de&lang=de
Zugriff am 25.03.2008

Dryden, J.: *King Arthur. Oper in fünf Akten.*
URL: http://opera.stanford.edu/Purcell/KingArthur/libretto.html
Zugriff am 25.03.2008

Hafner, G. (2002): *Das beste Stück. Kastration und zugehörige Ängste.*
URL: http://www.freitag.de/2002/46/02461701.php
Zugriff am 04.03.2008

Hanne, I. (2002): *Farinelli - Nicht nur ein Sänger.* Musikwissenschaftliche Arbeit.
URL: http://www.irih.de/ihcounter/farinelli.htm
Zugriff am 15.11.2007

Koldau, L. M.: *Ille cum, tu sine - Der Kampf um die Männlichkeit bei den Kastraten des 18. Jahrhunderts*. Tagungsbericht, Stuttgart.
URL: http://www.ruendal.de/cum/pdfs02/koldau.pdf
Zugriff am 28.10.2008

Metastasio,P.: *Artaserse*.
URL: http://jan-billington.com/christofellis/operas-libretti/hasse_artaserse.html
Zugriff am 25.03.2008

Rossi, G.: *Rinaldo. Oper in drei Akten*.
URL: http://www.karadar.com/librettos/handel_rinaldo.html
Zugriff am 25.03.2008

Salvi, A.: *Ariodante. Oper in drei Akten*.
URL: http://www.karadar.com/librettos/handel_ariodante.html
Zugriff am 25.03.2008

Schikaneder, E.: *Die Zauberflöte. Oper in zwei Aufzügen*.
URL: http://www.opera-guide.ch/libretto.php?id=254&uilang=en&lang=de
Zugriff am 25.03.2008

Stannek, A.: *Dinges, M. (Hrsg.) . Hausväter, Priester, Kastraten. Zur Konstruktion von Männlichkeit im Spätmittelalter und früher Neuzeit. Göttingen: Vandenhoeck und Ruprecht. Rezensiert für H-Soz-u-Kult*.
URL: http://hsozkult.geschichte.hu-berlin.de/rezensio/buecher/1999/stan0199.html   Zugriff am 04.03.2008

Stephanie der Jüngere, J.G.: *Die Entführung aus dem Serail. Singspiel in drei Aufzügen*. URL: http://opera.stanford.edu/Mozart/Entführung/libretto.html
Zugriff am 25.03.2008

Walter, M. (2000): *Gesang als höfische Rollen-Vernunft. Kastraten in der opera seria*.
URL: http://www.-gewi.kfunigraz
Zugriff am 20.09.2008

6.3. Lexika

Brockhaus, F.A. (1986): *Brockhaus Enzyklopädie in vierundzwanzig Bänden. Neunzehnte, völlig neu bearbeitete Auflage*. Mannheim: F.A. Brockhaus.

Wahrig - Burfeind, R. (1999) (Hrsg.): *Wahrig Fremdwörterlexikon*. Gütersloh, München: Bertelsmann.

6.4. Audio

Camberlottis, M. (1644): *Claudio Monteverdi. L'incoronazione di Poppea.* CD-Beiheft. O.O.: Nuova Era Records.

Gast, J. (1966): *Wolfgang Amadeus Mozart. Die Entführung aus dem Serail.* CD-Beiheft. Hamburg: Polydor International GmbH.

Menichetti, A. (1991): *Georg Friedrich Händel. Rinaldo.* CD-Beiheft. Venedig: Nuova Era Records.

Scammell, E. (1987): *Alessandro Moreschi. The last castrato. Complete Vatican Recordings.* CD–Beiheft. England: Pavilion Records LTD.

Strohm, R. & Jacobs, R. (2002): *Arias for Farinelli.* CD-Beiheft. O.O.: Harmonia mundi.

7. Anhang

7.1. Chronologische Übersicht über alle analysierten Libretti

7.2. Einteilung männlicher Hauptpersonen zweier Opern des 17. und 18. Jahrhunderts in die Allegorie-Typen

7.2.1. Die Krönung der Poppäa

7.2.2. Die Zauberflöte

7.3. Einteilung von drei exemplarisch betrachteten Gesangskastraten in die Allegorie-Typen

7.3.1. Caffarelli

7.3.2. Filippo Balatri

7.3.3. Farinelli

7. Anhang

7.1. Chronologische Übersicht über alle analysierten Libretti

1. Libretto: *L'incoronazione di Poppea (Die Krönung der Poppäa)*. Libretto: Giovanni Francesco Busenello. Musik: Claudio Monteverdi. Uraufführung 1640.

2. Libretto: *King Arthur (König Arthur)*. Libretto: John Dryden. Musik: Henry Purcell. Uraufführung 1691.

3. Libretto: *Rinaldo*. Libretto: Giacomo Rossi. Musik: Georg Friedrich Händel. Uraufführung 1711.

4. Libretto: *Artaserse (Artaxerxes)*. Libretto: Pietro Metastasio. Musik: Johann Adolf Hasse. Uraufführung 1730.

5. Libretto: *Ariodante*. Libretto: Antonio Salvi. Musik: Georg Friedrich Händel. Uraufführung 1735.

6. Libretto*: Serse (Xerxes)*. Libretto: Giovanni Bononcini. Musik: Georg Friedrich Händel. Uraufführung 1738.

7. Libretto: *Die Entführung aus dem Serail*. Libretto: Johann Gottlieb Stephanie der Jüngere. Musik: Wolfgang Amadeus Mozart. Uraufführung 1782.

8. Libretto: *Die Zauberflöte*. Libretto: Emanuel Schikaneder. Musik: Wolfgang Amadeus Mozart. Uraufführung 1792.

7.2. Einteilung männlicher Hauptpersonen zweier Opern des 17. und 18. Jahrhunderts in die Allegorie-Typen

7.2.1. Die Krönung der Poppäa

Ottone:
Stimmfach Alt

Der Feige	unreif/kindlich/leichtsinnig					++
	zaghaft/passiv				+	
	ängstlich/anhänglich				+	
	sentimental/emotional					++
	bejammert eigenes Schicksal					++
	nicht durchsetzungsfähig					++
	mitläuferisch/manipulierbar/unloyal/abhängig					++
Der Held bzw. Der Potentat	heranreifend/tugendhaft	--				
	tatkräftig/gestaltend/aktiv/fordernd		-			
	mutig/forsch/unabhängig	--				
	idealistisch/pragmatisch	--				
	selbstbewusst/extrovertiert	--				
	Entscheidungsgewalt über positives/negatives agieren	--				
	durchsetzungsfähig	--				
Der Weise	gereift/väterlich/beratend weise	--				
	neutral/bei Bedarf beeinflussend aktiv	--				
	furchtlos/weitsichtig	--				
	gerecht/wohlwollend			o		
	bescheiden/in sich ruhend	--				
	Schicksalsgewalt durch subtiles Steuern	--				
	unbestechlich/unbeirrbar/schicksalsergeben/standhaft	--				

Kaiser Nero:
Stimmfach Sopran

Der Feige	unreif/kindlich/leichtsinnig		-			
	zaghaft/passiv	--				
	ängstlich/anhänglich	--				
	sentimental/emotional		-			
	bejammert eigenes Schicksal	--				
	nicht durchsetzungsfähig	--				
	mitläuferisch/manipulierbar/unloyal/abhängig	--				
Der Held bzw. Der Potentat	heranreifend/tugendhaft				+	
	tatkräftig/gestaltend/aktiv/fordernd					++
	mutig/forsch/unabhängig					++
	idealistisch/pragmatisch			o		
	selbstbewusst/extrovertiert					++
	Entscheidungsgewalt über positives/negatives agieren					++
	durchsetzungsfähig					++
Der Weise	gereift/väterlich/beratend weise	--				
	neutral/bei Bedarf beeinflussend aktiv	--				
	furchtlos/weitsichtig				+	
	gerecht/wohlwollend	--				
	bescheiden/in sich ruhend	--				
	Schicksalsgewalt durch subtiles Steuern		-			
	unbestechlich/unbeirrbar/schicksalsergeben/standhaft				+	

Seneca:
Stimmfach Bass

Der Feige	unreif/kindlich/leichtsinnig	--				
	zaghaft/passiv		-			
	ängstlich/anhänglich	--				
	sentimental/emotional	--				
	bejammert eigenes Schicksal	--				
	nicht durchsetzungsfähig		-			
	mitläuferisch/manipulierbar/unloyal/abhängig	--				
Der Held bzw. Der Potentat	heranreifend/tugendhaft				+	
	tatkräftig/gestaltend/aktiv/fordernd		-			
	mutig/forsch/unabhängig		-			
	idealistisch/pragmatisch				+	
	selbstbewusst/extrovertiert		-			
	Entscheidungsgewalt positives/negatives agieren				+	
	durchsetzungsfähig			o		
Der Weise	gereift/väterlich/beratend weise					++
	neutral/bei Bedarf beeinflussend aktiv					++
	furchtlos/weitsichtig					++
	gerecht/wohlwollend					++
	bescheiden/in sich ruhend					++
	Schicksalsgewalt durch subtiles Steuern			o		
	unbestechlich/unbeirrbar/schicksalsergeben/standhaft					++

7.2.2. Die Zauberflöte

Papageno:
Stimmfach Bariton

Der Feige	unreif/kindlich/leichtsinnig					++
	zaghaft/passiv				+	
	ängstlich/anhänglich					++
	sentimental/emotional					++
	bejammert eigenes Schicksal				+	
	nicht durchsetzungsfähig				+	
	mitläuferisch/manipulierbar/unloyal/abhängig					++
Der Held bzw. Der Potentat	tugendhaft		-			
	tatkräftig/gestaltend/aktiv/fordernd	--				
	mutig/forsch/unabhängig	--				
	idealistisch/pragmatisch		-			
	selbstbewusst/extrovertiert			o		
	Entscheidungsgewalt positives/negatives agieren	--				
	durchsetzungsfähig	--				
Der Weise	väterlich/beratend weise	--				
	neutral/bei Bedarf beeinflussend aktiv	--				
	furchtlos/weitsichtig	--				
	gerecht/wohlwollend			o		
	bescheiden/in sich ruhend		-			
	Schicksalsgewalt durch subtiles Steuern	--				
	unbestechlich/unbeirrbar/schicksalsergeben/standhaft	--				

Tamino:
Stimmfach Tenor

Der Feige	unreif/kindlich/leichtsinnig	--				
	zaghaft/passiv	--				
	ängstlich/anhänglich	--				
	Sentimental/emotional	--				
	bejammert eigenes Schicksal	--				
	nicht durchsetzungsfähig	--				
	mitläuferisch/manipulierbar/unloyal/abhängig	--				
Der Held bzw. Der Potentat	tugendhaft					++
	tatkräftig/gestaltend/aktiv				+	
	mutig/forsch/unabhängig					++
	idealistisch/pragmatisch				+	
	selbstbewusst/extrovertiert					++
	Entscheidungsgewalt positives/negatives agieren					++
	durchsetzungsfähig					++
Der Weise	väterlich/beratend weise		-			
	neutral/bei Bedarf beeinflussend aktiv				+	
	furchtlos/weitsichtig				+	
	gerecht/wohlwollend				+	
	bescheiden/in sich ruhend				+	
	Schicksalsgewalt durch subtiles Steuern			o		
	unbestechlich/unbeirrbar/schicksalsergeben/standhaft					++

Sarastro:
Stimmfach Bass

Der Feige	unreif/kindlich/leichtsinnig	--				
	zaghaft/passiv	--				
	ängstlich/anhänglich	--				
	sentimental/emotional	--				
	bejammert eigenes Schicksal	--				
	nicht durchsetzungsfähig	--				
	mitläuferisch/manipulierbar/unloyal/abhängig	--				
Der Held bzw. Der Potentat	tugendhaft				+	
	tatkräftig/gestaltend/aktiv				+	
	mutig/forsch/unabhängig				+	
	idealistisch/pragmatisch				+	
	selbstbewusst/extrovertiert				+	
	Entscheidungsgewalt positives/negatives agieren					++
	durchsetzungsfähig					++
Der Weise	väterlich/beratend weise				+	
	neutral/bei Bedarf beeinflussend aktiv		-			
	furchtlos/weitsichtig					++
	gerecht/wohlwollend					++
	bescheiden/in sich ruhend				+	
	Schicksalsgewalt durch subtiles Steuern					++
	unbestechlich/unbeirrbar/schicksalsergeben/standhaft					++

7.3. Einteilung von drei exemplarisch betrachteten Gesangskastraten in die Allegorie-Typen

7.3.1. Caffarelli

		--	-	o	+	++
Der Feige	unreif/kindlich/leichtsinnig					++
	zaghaft/passiv			o		
	ängstlich/anhänglich				+	
	sentimental/emotional				+	
	bejammert eigenes Schicksal					++
	nicht durchsetzungsfähig		-			
	mitläuferisch/manipulierbar/unloyal/abhängig					++
Der Held bzw. Der Potentat	tugendhaft	--				
	tatkräftig/gestaltend/aktiv				+	
	mutig/forsch/unabhängig	--				
	idealistisch/pragmatisch	--				
	selbstbewusst/extrovertiert		-			
	Entscheidungsgewalt über positives/negatives agieren	--				
	durchsetzungsfähig				+	
Der Weise	väterlich/beratend weise	--				
	neutral/bei Bedarf beeinflussend aktiv	--				
	furchtlos/weitsichtig	--				
	gerecht/wohlwollend		-			
	bescheiden/in sich ruhend	--				
	Schicksalsgewalt durch subtiles Steuern	--				
	unbestechlich/unbeirrbar/schicksalsergeben/standhaft	--				

7.3.2. Filippo Balatri

Der Feige	unreif/kindlich/leichtsinnig				+	
	zaghaft/passiv	--				
	ängstlich/anhänglich	--				
	sentimental/emotional			o		
	bejammert eigenes Schicksal	--				
	nicht durchsetzungsfähig	--				
	mitläuferisch/manipulierbar/unloyal/abhängig	--				
Der Held bzw. Der Potentat	tugendhaft				+	
	tatkräftig/gestaltend/aktiv		-			
	mutig/forsch/unabhängig		-			
	idealistisch/pragmatisch		-			
	selbstbewusst/extrovertiert		-			
	Entscheidungsgewalt über positives/negatives agieren				+	
	durchsetzungsfähig			o		
Der Weise	väterlich/beratend weise				+	
	neutral/bei Bedarf beeinflussend aktiv					++
	furchtlos/weitsichtig					++
	gerecht/wohlwollend					++
	bescheiden/in sich ruhend				+	
	Schicksalsgewalt durch subtiles Steuern				+	
	unbestechlich/unbeirrbar/schicksalsergeben/standhaft					++

7.3.3. Farinelli

Der Feige	unreif/kindlich/leichtsinnig	--				
	zaghaft/passiv		-			
	ängstlich/anhänglich	--				
	sentimental/emotional			o		
	bejammert eigenes Schicksal	--				
	nicht durchsetzungsfähig	--				
	mitläuferisch/manipulierbar/unloyal/abhängig	--				
Der Held bzw. Der Potentat	tugendhaft				+	
	tatkräftig/gestaltend/aktiv	--				
	mutig/forsch/unabhängig	--				
	idealistisch/pragmatisch			o		
	selbstbewusst/extrovertiert	--				
	Entscheidungsgewalt über positives/negatives agieren				+	
	durchsetzungsfähig			o		
Der Weise	väterlich/beratend weise				+	
	neutral/bei Bedarf beeinflussend aktiv					++
	furchtlos/weitsichtig				+	
	gerecht/wohlwollend					++
	bescheiden/in sich ruhend					++
	Schicksalsgewalt durch subtiles Steuern					++
	unbestechlich/unbeirrbar/schicksalsergeben/standhaft				+